基金项目：国家重点研发计划项目资助（2022YFC3005200）

城市轨道交通长大区间火灾排烟与疏散救援

贺利工　郑　翔　何冠鸿　徐志胜　谢宝超　赵家明◎编著

FIRE SMOKE EXHAUST AND
EVACUATION RESCUE IN LONG SECTION OF
URBAN RAIL TRANSIT

中南大学出版社
www.csupress.com.cn
·长沙·

图书在版编目（CIP）数据

城市轨道交通长大区间火灾排烟与疏散救援 / 贺利工
等编著. —长沙：中南大学出版社，2023.12
　　ISBN 978-7-5487-5614-9

　　Ⅰ．①城… Ⅱ．①贺… Ⅲ．①城市铁路—轨道交通—
烟气排放—研究②城市铁路—轨道交通—安全疏散—研究
Ⅳ．①U239.5

中国国家版本馆 CIP 数据核字（2023）第 217403 号

城市轨道交通长大区间火灾排烟与疏散救援
CHENGSHI GUIDAO JIAOTONG CHANGDA QUJIAN
HUOZAI PAIYAN YU SHUSAN JIUYUAN

贺利工　郑　翔　何冠鸿　徐志胜　谢宝超　赵家明　编著

□**责任编辑**	刘颖维
□**封面设计**	李芳丽
□**责任印制**	唐　曦
□**出版发行**	中南大学出版社
	社址：长沙市麓山南路　　　　邮编：410083
	发行科电话：0731-88876770　　传真：0731-88710482
□**印　　装**	长沙印通印刷有限公司

□**开　　本**	710 mm×1000 mm 1/16	□**印张** 10.5	□**字数** 211 千字
□**版　　次**	2023 年 12 月第 1 版	□**印次** 2023 年 12 月第 1 次印刷	
□**书　　号**	ISBN 978-7-5487-5614-9		
□**定　　价**	78.00 元		

编委会

◇ **主 编**

贺利工　郑　翔　何冠鸿　徐志胜　谢宝超
赵家明

◇ **主编单位**

广州地铁设计研究院股份有限公司

◇ **主 审**

农兴中　王迪军　史海欧　林志元　俞军燕
廖　景　刘健美　罗　辉　吴　疆　罗燕萍
韩　瑶　郑　石　涂旭炜　孙　菁　翟利华
徐文田

◇ **编 委**

胡丽君　应后淋　耿鸣山　关雪祺　南春子
罗炎桢　黄先健　吴殿华　叶凯伦　刘丽萍
顾　锋　朱　江　麦家儿　朱能文　申永江
谢晓晴　赵望达　周兆然　龚保伟　张　强
张　宋　罗　天　丁能顺　雷　涛　阳彬武
卢小莉　苏　拓　周超辉　陈朝文　覃羽丰
于子涵　刘邱林　王悦琳　程昕菲

前言 /

城市轨道交通长大区间，兼具地铁工程和铁路工程的特征，列车运行速度快，其区间间距、运行速度和车站布局类似于城际铁路，各区间间隔比常规地铁工程大，火灾事故影响严重。因此，亟需开展城市轨道交通长大区间防灾救援专题研究，为城市轨道交通长大区间火灾排烟和人员疏散设计提供理论支撑。

本书针对城市轨道交通长大区间在防灾救援方面存在的难题，应用隧道火灾动力学理论，结合缩尺寸模型试验和计算机数值模拟分析，系统调研了城市轨道交通长大区间通风排烟与疏散救援方案，分析了城市轨道交通长大区间火灾危险特性，开展了城市轨道交通长大区间火灾烟气蔓延规律及控制方案数值模拟与模型试验研究，模拟分析了城市轨道交通长大区间人员疏散过程及安全性，制定了城市轨道交通长大区间人员疏散策略与应急预案。本文阐述条理清晰，与工程实际结合紧密，对城市轨道交通长大区间消防系统设计具有一定的借鉴意义。

本书共包括9章。第1章：概述。第2章：长大区间通风排烟与疏散救援方案调研分析。第3章：城市轨道交通长大区间火灾危险特性。第4章：城市轨道交通长大区间通风排烟系统关键设计参数数值模拟研究。第5章：城市轨道交通长大区间火灾蔓延与烟气控制缩尺寸模型试验方案研究。第6章：城市轨道交通长大区间火灾蔓延与烟气控制缩尺寸模型试验结果分析。第7章：城市轨道交通长大区间人员疏散特征。第8章：城市轨道交通长大区间疏散救援设计及安全性研究。第 9 章：城市轨道交通长大区间人员疏散策略与应急预案研究。

城市轨道交通长大区间防灾救援在国内的研究实践还处于发展阶段。鉴于编者水平有限，书中难免存在疏漏和不妥之处，恳请广大读者批评指正。

作 者

2023 年 8 月

目录 / Contents

第 1 章

概　述

　　近几年，中国许多重要城市都开始发展城市地下轨道交通系统，政府对发展城市轨道交通十分重视。城市轨道交通速度快，运力大，无污染，运行准时，且冬暖夏凉，因其能带给人们安全、快捷、舒适的出行体验，深受众人的青睐。轨道交通的运输能力、运输速度及运行安全等方面都要优于其他交通工具，轨道交通的规划建设已经成为城市现代化进程的必要条件。与此同时，城市轨道交通与地面公交系统、机场及铁路相互衔接，为方便市民出行、提高生活质量做出了巨大贡献。

　　随着《中华人民共和国国民经济和社会发展第十四个五年规划和 2035 年远景目标纲要》全文印发，城市群和都市圈轨道交通发展重点进一步明晰。其中，该目标纲要提出，推进城市群都市圈交通一体化，加快城际铁路、市域(郊)铁路建设，构建高速公路环线系统，有序推进城市轨道交通发展。城市群和都市圈轨道交通重点工程：新增城际铁路和市域(郊)铁路运营里程 3000 km，基本建成京津冀、长三角、粤港澳大湾区轨道交通网。新增城市轨道交通运营里程 3000 km。"十四五"期间，城际铁路、市域(郊)铁路建设预计将会迎来发展的小高潮，城市轨道交通步入有序发展时期。在都市圈一体化背景下，市域快线势必在联系城市核心区与市域重要城镇中发挥关键作用。

　　市域快线在隧道中运行时，会形成一个相对封闭的大型狭长的地下独立空间，其建筑、设备、运营生产处于地下，而且车厢里的人员分布比较集中，热量散发较慢，一旦发生火灾，产生的烟气和热量会迅速在整个车厢内扩散，严重威胁到车厢内人员和列车结构的安全，且车厢内人员逃生途径少，营救和逃生路线单一，大量的乘客同时涌向狭窄的通道，将严重耽误乘客快速逃生的时间。与一般地铁相比，市域快线具有线路长、车站数量少、运行速度快三大特点，其隧道断面要比一般地铁大，同时远小于公路隧道，防灾问题更加突出。因此掌握列车车厢火灾燃烧过程中温度分布与烟气的蔓延规律，提出合理的人员安全疏散建议，减少经济损失和人员伤亡，对市域快线的防火救灾工作具有十分重要的意义。本章将对本书所依托工程进行介绍。

1.1　城市轨道交通长大区间防灾救援技术难点

《市域快速轨道交通设计规范》（T/CCES 2—2017）第 5.2.4 条的条文说明中对长大区间做出了定义：区间出现 2 列或 2 列以上列车同时在区间运行的状况。

本书以某长大区间为案例进行研究，选用双洞双线隧道，设置四座中间风井，将区间分隔成五个排烟区段，从而能够保证每个区段仅有一列列车行驶，满足运营需求。长大区间线路大多处于经济发达、人口稠密的城市带或作为连接大城市与卫星城的轨道交通通道。此类工程在城市区域受到地面建筑、用地空间、环境保护等因素的影响，一般采取地下穿越的方式。

1.1.1　区间隧道距离长，列车运行速度快

普通地铁区间隧道一般为 1~2 km，而此类地铁工程长距离区间隧道的长度可为十几千米甚至二十几千米，给烟控设计、人员疏散和救援带来了困难。

普通地铁的运行速度为 60 km/h 左右，大站快车线路列车运行速度超过 100 km/h，高速运行的列车使得常规的地铁消防应急预案已不适用于此类工程。

1.1.2　列车发车密度和人员荷载大

与普通地铁列车相比，此类工程由于线路距离长、运行时间长、发车密度大，在运行列车选型上可以参考城际运营列车。列车选型的变化导致乘客数量均与常规地铁明显不同。

高铁列车内的人员一般可按座席定员，人数较多时可以考虑 20% 的超员率，以 CRH2A—2011 型列车为例，列车定员为 610 人，考虑 20% 的超员率即 732 人。当乘客数量超过此限额后，铁路售票处一般停止售票，对乘客数量进行限制。而市域快车作为城市轨道交通工具，通常不会限制客流，列车乘客数量根据高峰客流确定。

1.1.3　尚无完全适用于市域地铁快线的参考规范和消防审批流程

城际铁路工程的地下站房工程通常参照地铁设计规范、铁路隧道规范执行。市域快线并无完全适用的规范。

1.2　研究内容及意义

市域快线列车运行速度快，各区间的间隔相对常规地铁工程大，针对轨道交通长大区间，通风排烟与疏散救援设计缺乏相关规范设计标准。针对这一问题，

本书首先对相关理论、文献及国内外城市轨道交通长大区间的设计进行调研，提出合理的区间大小划分依据，结合火灾学理论，研究城市轨道交通长大区间典型火灾环境及最不利火灾工况。其主要研究工作内容如下。

①城市轨道交通长大区间通风排烟与疏散救援方案调研分析。

②城市轨道交通长大区间火灾危险特性及通风排烟系统关键设计参数研究。

③城市轨道交通长大区间火灾蔓延与烟气控制缩尺寸模型试验方案研究。

④城市轨道交通长大区间火灾蔓延与烟气控制缩尺寸模型试验。

⑤城市轨道交通长大区间人员疏散特征研究。

⑥城市轨道交通长大区间疏散救援设计及安全性研究。

⑦城市轨道交通长大区间人员疏散策略与应急预案研究。

隧道作为一个狭长空间的建筑物，其火灾的发展和烟气的蔓延特性不同于一般的建筑，发生火灾后，热烟气使内部可燃物燃烧概率变大，其毒性、减光性和高温辐射性，对人员的疏散和灭火救援都有很大的影响。

本书通过资料调研、理论分析、数值模拟等手段进行研究，模拟区间内最不利火灾工况情景，分析烟气蔓延特性，为解决城市轨道交通长大区间火灾排烟和人员疏散问题提供参考依据。

第 2 章
长大区间通风排烟与疏散救援方案调研分析

2.1　前言

随着城市的人口不断增加，交通拥堵问题已经成为城市发展的症结。而地下铁道恰恰是解决这一问题的方法之一。又因其环保、高效的特点，地下铁道已经被世界上许多大城市接受。中国的地下铁道建设正处于高速发展的阶段，这将为加快城市化进程带来强大动力。国内 2015—2020 年地铁在建里程和规划里程如图 2-1 所示。2012—2020 年国内地铁运营里程如图 2-2 所示。地铁是解决大中城市公共交通运输的根本途径，对于 21 世纪实现城市可持续发展有非常重要的意义。

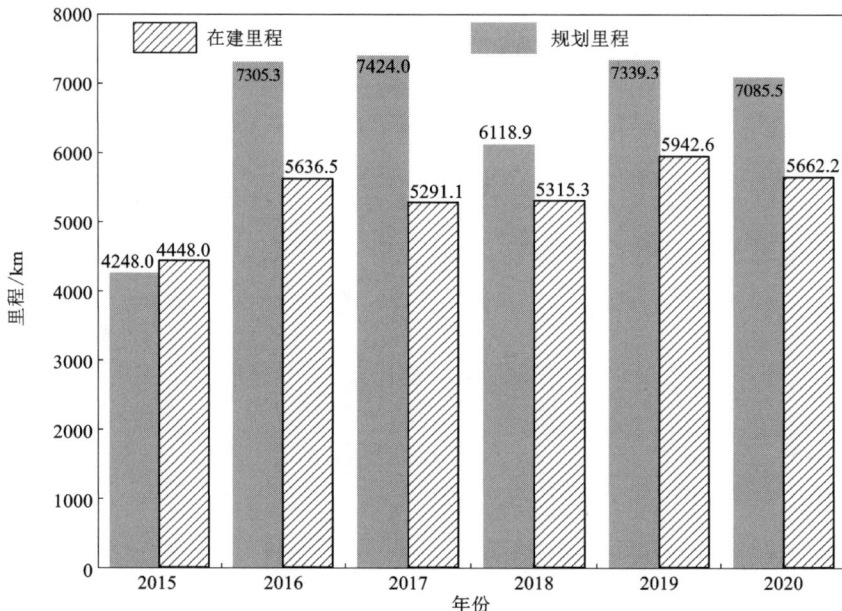

图 2-1　国内 2015—2020 年地铁在建里程和规划里程

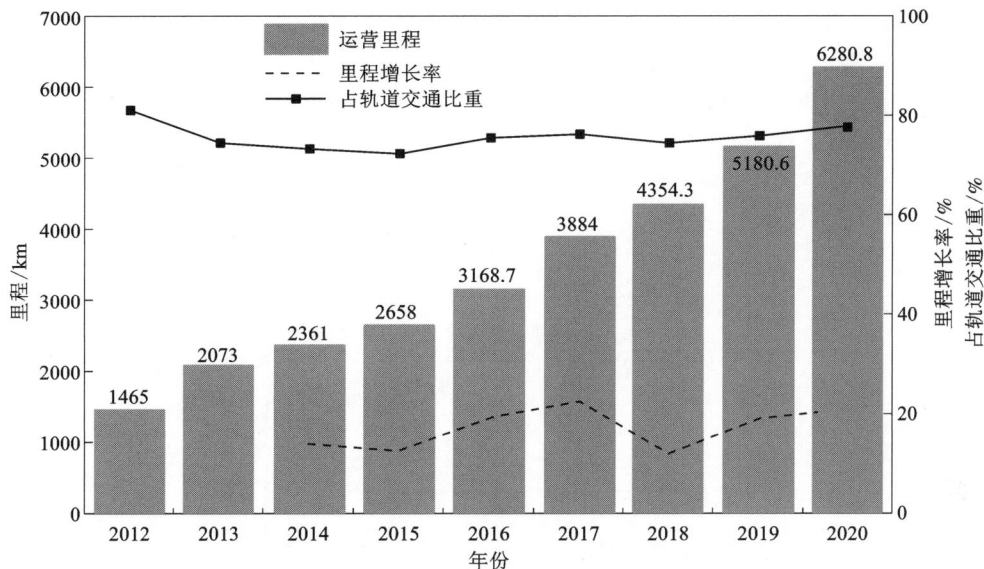

图 2-2 2012—2020 年国内地铁运营里程

　　为提出地铁长大区间通风排烟系统关键设计参数及疏散救援设计参数，需要对国内城市轨道交通长大区间通风排烟案例进行调研，并推荐该工程的烟气控制方案；此外，需要根据国内相关规范调研疏散救援设施的设计参数并推荐该工程的疏散救援设计方案。

2.2　长大区间通风排烟案例调研

　　地铁隧道通风系统包括区间隧道通风系统和车站隧道排风系统。区间隧道通风系统在列车运营前及夜间列车停运后，进行全线机械通风；正常运营时，主要利用列车通过时的活塞风排除隧道内的余热余湿。车站隧道排风系统的主要功能：列车停站时，排除列车制动和空调设备产生的余热；站台发生火灾时，辅助排烟。

1. 华东某市地铁过江隧道一

　　华东某市地铁过江段，线路穿越长江，区间全长为 4.25 km，是国内首条单洞双向大直径盾构过江地铁隧道。

　　由于区间长 4.25 km，为更好地解决通风问题，同时为缩短工期，节省造价，降低工程风险，推荐在江北设置中间风井，中间风井兼作大小盾构转换井，仅过长江主江面段采用大盾构施工。

中间风井将区间分为两段，分别长 3600 m、530 m，根据行程模拟计算出江心洲站—江北活塞风井区间隧道内存在 3 列列车的可能。为了有效地组织通风排烟，在江心洲站到江北活塞风井上下行区间隧道上方的烟道层上各设 2 个排烟口（共设 4 个），将大盾构区间隧道分成 a、b、c 3 个通风排烟区段。通风排烟系统如图 2-3 所示。

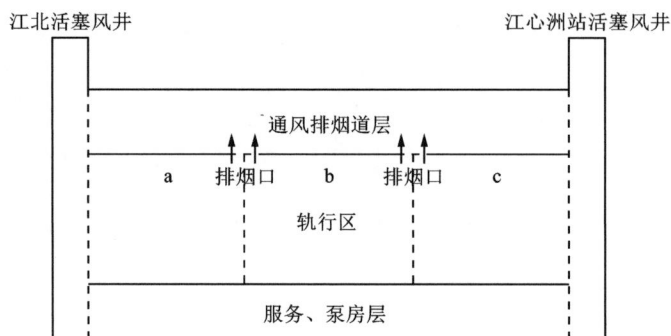

图 2-3 排烟分区及通风排烟系统示意图

　　地铁区间隧道内的消防疏散主要有合并式、分离式区间隧道疏散，设置纵向疏散平台等几种地铁区间疏散模式。根据大盾构隧道断面布置及相关规范要求，在隧道内设置中隔墙分隔左、右线隧道，中隔墙两侧设置纵向疏散通道，中隔墙上每隔 200 m 设置两扇宽度为 700 mm 的防火疏散门，利用左、右线隧道互为疏散通道进行疏散救援，如图 2-4 所示。这样有效地缩短了疏散距离，提高了疏散的及时性和便捷性。消防性能化研究表明，其能在火灾工况下满足人员安全疏散要求。

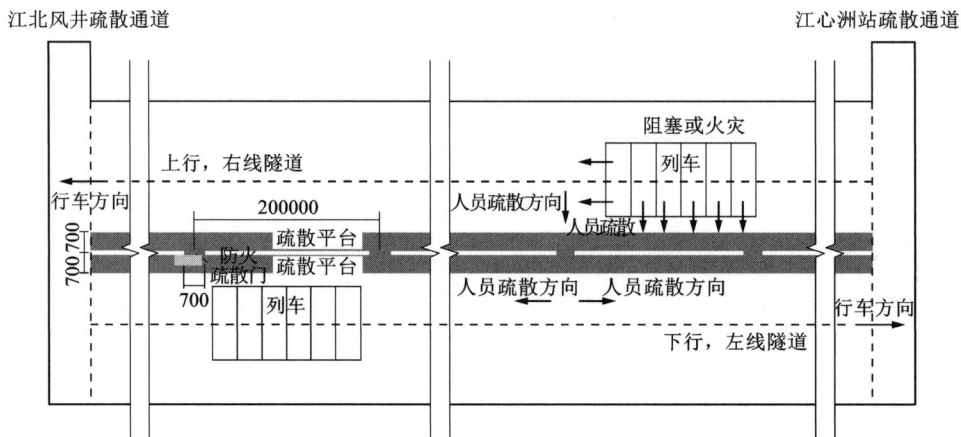

图 2-4 左(右)线发生阻塞或火灾工况下疏散救援示意图

2. 华东某市地铁过江隧道二

华东某市地铁过江隧道全长约为 3321 m，隧道采用盾构法，具体分为大洞方案和小洞方案。当区间隧道采用大洞方案时，设置顶部风道、风口来组织隧道内的通风排烟；当区间隧道采用小洞方案时，在区间隧道上设置中间风井，利用中间风井进行通风排烟。

小洞方案的活塞风井兼区间事故风井，通风竖井内设置活塞风道和事故通风机房，机房内设置 2 台隧道风机，单台风量为 60 m³/s，风压为 1000 Pa，并设置相应的消声器、风阀等设备(图 2-5)。

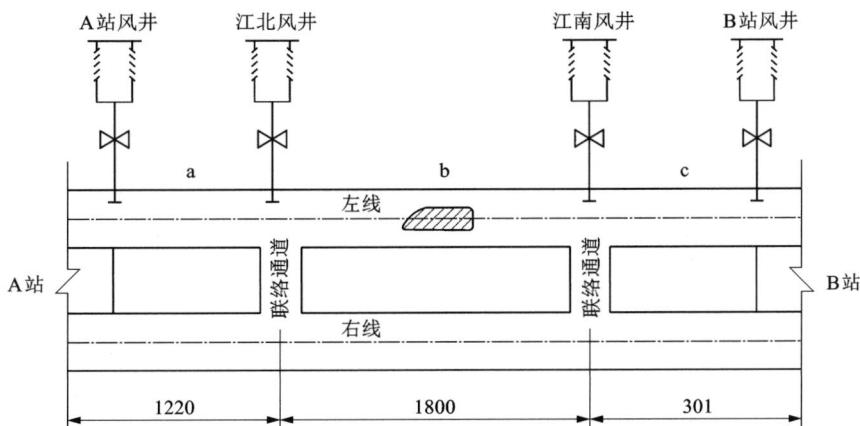

图 2-5　小洞方案示意图(单位：m)

火灾情况 1：两中间风井间右线列车车尾着火

列车停在 A 站—B 站区间右线两中间风井之间且列车尾部发生火灾，此时应按与行车相反方向组织排除烟气，多数乘客按与行车一致的方向疏散，开启列车头前部的联络通道，通过相邻隧道疏散乘客。此时关闭车站轨道排风系统，开启右线江北风井事故风机排风，右线江南风井事故风机送风，同时关闭 B 站及 A 站右线各活塞风道的活塞风阀，模拟显示流经火灾列车断面空气流速为 1.72 m/s，小于危急空气流速 2 m/s，不能有效控制烟气流动。因此加开 A 站右线出站端隧道风机排风，加开江北风井左线隧道风机送风，以维持联络通道相对火灾隧道正压，模拟显示此时流经火灾列车断面空气流速为 2.34 m/s，满足烟气控制要求。

火灾情况 2：两中间风井间右线列车车头着火

列车停在 A 站—B 站区间右线两中间风井之间且列车头部发生火灾，根据控制排除烟气原则，此时应按与行车一致的方向组织排除烟气，多数乘客按与行车相反的方向疏散，开启列车尾后部的联络通道，通过相邻隧道疏散乘客。关闭车站轨道排风系统，开启江北中间风井右线事故风机送风，同时开启江南风井右线事故风机、B 站北端右线事故风机排风，开启江南风井左线隧道风机送风，以维持联络通道相对火灾隧道正压，同时关闭 A 站及 B 站车站右线各活塞风道的活塞风阀，模拟显示流经火灾列车断面空气流速为 2.50 m/s，满足烟气控制要求。

火灾情况 3：A 站—江北风井间右线列车车头火灾

列车停在 A 站—江北风井间右线且列车车头发生火灾，此时应按与行车一致的方向组织排除烟气，多数乘客按与行车相反的方向疏散至 A 站站台。此时关闭车站轨道排风系统，开启 A 站右线出站端隧道风机送风，同时开启江北及江南风井右线事故风机排风，同时关闭 A 站所有活塞风道的活塞风阀及 B 站车站右线各活塞风道的活塞风阀，开启江北风井左线隧道风机送风，以维持联络通道相对火灾隧道正压，模拟显示流经火灾列车断面空气流速为 2.31 m/s，满足烟气控制要求。

3. 某地铁跨海区间隧道

某地铁跨海区间隧道长度约 6720 m，主要采用盾构、明挖和沉管法施工。设计最高行车速度为 120 km/h，远期高峰行车对数为 30 对/h，采用 B 型车 6 列编组。在两岸各设置 1 个中间风井，海域中部隧道设置集中排烟口。风井分布和区段分布如图 2-6 所示。

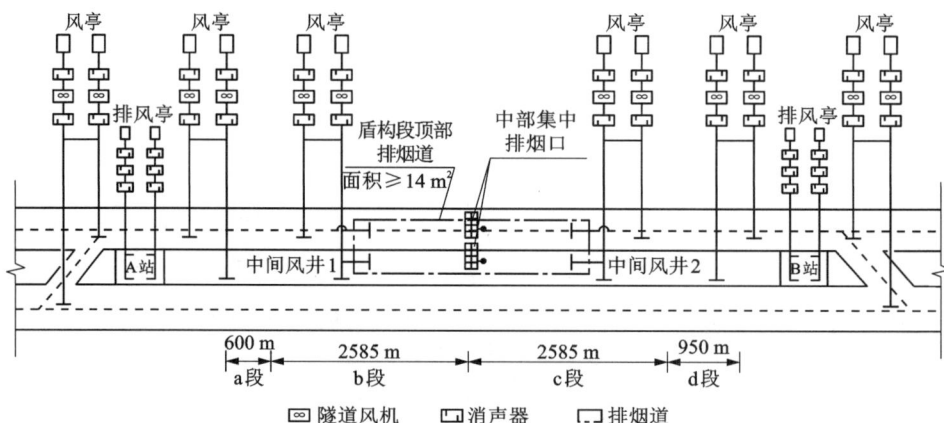

图 2-6 跨海区间隧道示意图

当列车在跨海段右线 b 段车头发生火灾时，开启 A 站小里程端 1 台隧道风机和大里程端 1 台隧道风机对事故隧道进行送风，同时开启中间风井 1 和中间风井 2 各 1 台隧道风机，经过排烟道和中部设置的集中排烟口将烟气排出。B 站隧道通风系统设备不动作，维持正常运行模式即可。

当列车在跨海段右线 b 段车尾发生火灾时，开启中间风井 2 的 2 台隧道风机对事故隧道进行送风，开启中间风井 1 的 2 台隧道风机对事故隧道进行排风，A 站和 B 站隧道通风系统设备不动作，维持正常运行模式即可。

4. 华中某地铁一

华中某地铁长大区间隧道长度约为 6943 m，主体为双洞单线盾构隧道。结合车辆追踪能力，设置 2 座中间风井，与小里程端车站的中心距离分别为 2322 m、4572 m。工程概况如图 2-7 所示。

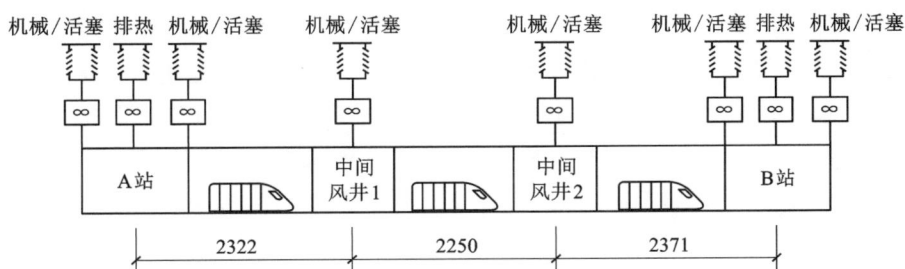

图 2-7 工程概况图（单位：m）

中间风井与车站隧道风机风量为 60 m³/s，车站排热风机风量为 35 m³/s。根据中间风井保留与取消活塞风功能，即根据活塞风道数量的不同情况，将通风方案分为取消活塞风功能（仅保留机械通风功能）、单活塞通风模式、双活塞通风模式，分别简称为 A 方案、B 方案、C 方案。图 2-8 所示为不同中间风井通风方案原理。考虑到新风换气效果，设置方案 B 为保留中间风井 1 左线与中间风井 2 右线的活塞风功能。

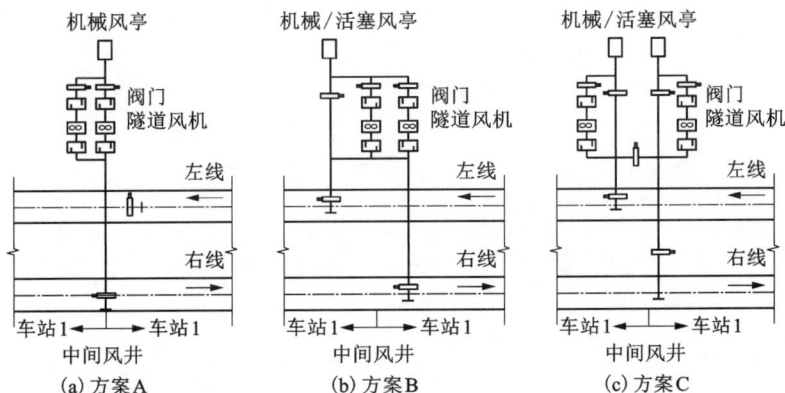

图 2-8 不同风井通风方案原理图

5. 华东某地铁二

华东某地铁区间线路全长约为 7.8 km，其中海域段约为 3.5 km。采用 B 型车 6 列编组，定员 1460 人，陆域段最高设计时速为 80 km/h，海域段最高设计时速为 100 km/h。综合考虑线路、施工组织及防灾救援等因素，区间采用单洞双线。

区间隧道采用开式通风系统，A 站两端各设置 2 个活塞风井，采用双活塞通风系统；B 站受地面条件限制，仅在小里程端设置 2 个活塞风井，采用单活塞通风系统。A 站两端均设置 2 台隧道风机，B 站小里程端设置 2 台隧道风机。活塞通风系统和机械通风系统在功能上互相补充，实现列车在正常、阻塞和火灾状况下的各种控制要求。

结合隧道线路、地面条件和车站站位，整个过海区间设置 3 座区间风井，1 号风井位于车辆段内，2 号风井位于 A 站所在岛岸边，3 号风井位于 B 站所在岛岸边，则 A 站至 1 号风井区间、1 号风井至 2 号风井区间、3 号风井至 B 站区间内远期高峰时段仅有 1 列列车运行。风井布置如图 2-9、图 2-10 所示。

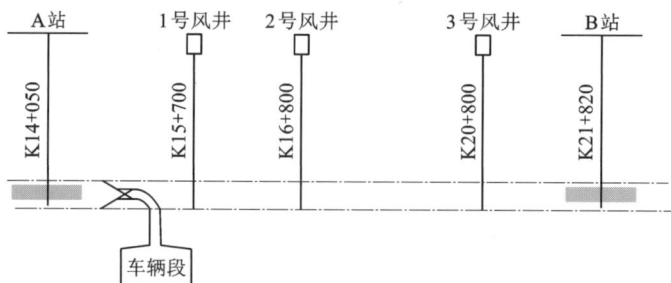

图 2-9 区间风井平面示意图 1

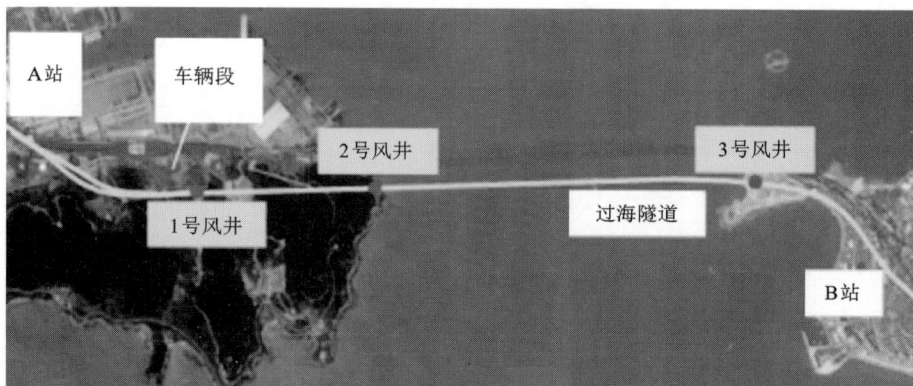

图 2-10 区间风井平面示意图 2

(1)陆域段防排烟方案

火灾时采用轴流风机推拉式送风排烟方案,风机运行模式需根据火灾点位置及车站、区间风井风机布置综合考虑。列车火灾气流组织如图 2-11、图 2-12 所示。

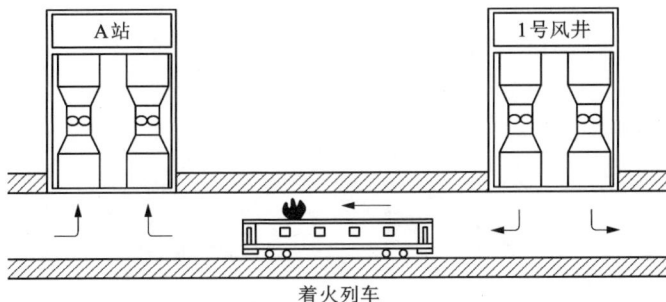

图 2-11 陆域段 A 站—1 号风井区间列车火灾气流组织示意图

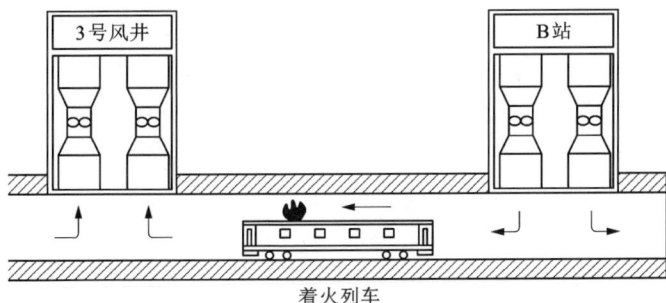

图 2-12 陆域段 3 号风井—B 站区间列车火灾气流组织示意图

(2)海域段防排烟方案

海域段(2 号风井至 3 号风井 4 km 区间)远期高峰时段同一时刻有 2 列列车,可以采用分段纵向排烟和半横向排烟方案。借鉴其他城市轨道交通工程实例,在行车隧道上部设置土建排烟道,有局部设置土建排烟道和全长设置土建排烟道两种方案,如图 2-13 所示。

为了避免海域段列车追踪,局部设置土建排烟道应能将整个区间划分为 2 个区段,且分段长度小于 2700 m。采用局部设置土建排烟道方案,若 2 号风井至 3 号风井区间为一个牵引供电区段,当前车车尾或后车车头着火排烟时将影响非火灾车辆人员的疏散。虽然局部设置土建排烟道方案工程投资少,施工工期短,但其不能解决整个海域段牵引断电时着火列车的排烟问题,因此海域段采用全长设置土建排烟道方案。全长设置排烟道时列车火灾气流流动如图 2-14 所示。

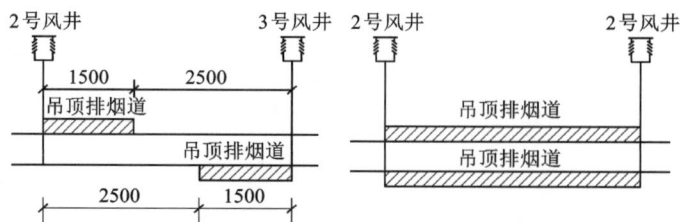

图 2-13 海域段设置土建排烟道示意图(单位：m)

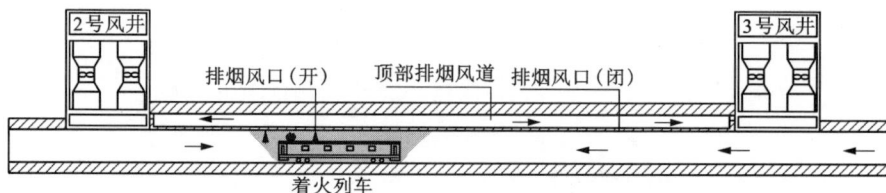

图 2-14 列车火灾排烟气流流动示意图

6. 华东某地铁三

华东某地铁过海区间建设难度高、工期紧，是全线的控制性工程。该工程是中国最早开工建设的跨海地铁隧道之一。

其中过海区间全长为 4.95 km，穿越海域长度约为 3.6 km。穿越海域水深最大为 25 m，隧道最大埋深为 69 m。区间为双洞单线断面，采用"矿山法+盾构法"组合施工，矿山法隧道横断面如图 2-15 所示。设置 1 座施工斜井、1 座风井、10 座联络通道和 3 座废水泵房兼变电所。

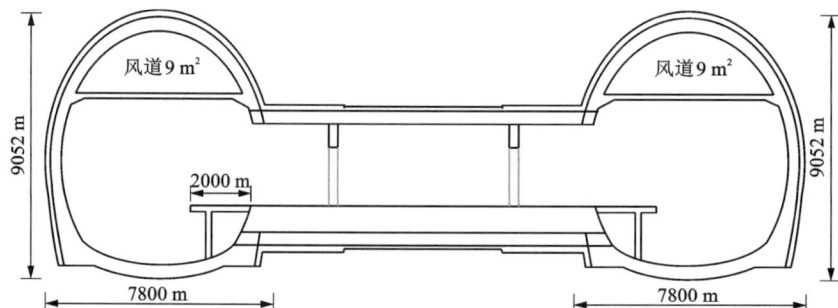

图 2-15 矿山法隧道横断面

过海区间长度达 4.95 km，远期高峰时刻共有 3 列列车同时运行。根据通风防灾要求，须保证每个通风区段仅有 1 列列车通行；按照常规分段纵向通风模式，需在隧道中部至少设置 2 座风井。

解决方案：本隧道穿越海域长度达 3.6 km，无法在海域设置中间风井，因此在矿山法隧道部分区段上方设置土建专用风道,以替代中间风井,采用分段纵向通风排烟模式解决长距离跨海区间防灾通风。

2.3　长大区间疏散救援设计关键要点

2.3.1　安全区域

根据《地铁安全疏散规范》(GB/T 33668—2017)中规定:安全区为火灾或其他灾害情况下,灾害后果得到有效控制,可确保人员安全的室内或室外安全区域。安全区域是火灾时为控制无烟气进入,或烟气温度、可见度、有毒气体浓度等均保持对人员安全,且在人员向外界疏散方向上的区域、楼层、隧道或疏散用楼梯间。安全区分为临时安全区和最终安全区,临时安全区为疏散过程中经过的、能够提供确保人员全部撤离该安全区并疏散至最终安全区和救援救灾所需安全避难时间的区域或场所;最终安全区为空间足够或无限大、灾害无法波及的区域。

上述临时安全区域应满足如下条件:

①事故区间隧道内开启风机后应能形成规定要求的临界风速,防止烟气发生回流。

②相邻区间的列车应在事故隧道人员进入前将车速制动降低到不会对平台疏散人员安全构成威胁的范围内。

③相邻区间隧道疏散平台应设围护栏杆,防止人员因拥挤而跌落轨行区。

④疏散救援定点的避难等待区内应设置正压通风,为人员提供相对安全的临时避难环境。

区间隧道距离长,隧道内的人员疏散过程具有分阶段、分区域特征,即人员首先应疏散撤离火灾现场,然后通过联络通道、疏散救援定点、紧急出口等疏散设施疏散至相对安全的区域,最后经疏散楼梯、消防电梯或救援列车疏散至安全区。

2.3.2　疏散平台

1. 相关规范设计要求

疏散平台作为区间隧道的主要疏散设施,在地铁工程、铁路工程及其他轨道交通工程的设计规范中均有规定。表 2-1 所示为《地铁设计规范》(GB 50157—2013)、《城际铁路设计规范》(TB 10623—2014)、《铁路隧道防灾疏散救援工程设计规范》(TB 10020—2017)、《地铁设计防火标准》(GB 51298—2018)和《地铁安全疏散规范》(GB/T 33668—2017)中关于区间疏散平台设计要求的总结。

表 2-1 区间疏散平台设计要求总结

标准	GB 50157—2013	TB 10623—2014	TB 10020—2017	GB 51298—2018	GB 33668—2017
平台宽度/m	≥0.7	≥1.0	≥0.75	≥0.6	≥0.7
平台高度/m	距轨顶面应≤0.9	宜与轨面齐平	不低于内轨顶面	宜低于车辆地板面0.10~0.15	距轨顶面应≤0.9
靠墙扶手高度/m	—	—	—	宜为0.9	宜为0.9
临空面扶手高度/m	—	—	—	≥0.9	—
净空高度/m	≥2.0	宜为2.2	≥2.2	—	—
耐火极限/h	—	—	—	≥1.0	≥1.0

从上述设计要点总结中可以看出，各规范中对平台宽度的要求差异较大，总体而言，铁路隧道工程较地铁工程要求严格。对净空高度的要求比较接近，对平台高度、扶手高度、耐火极限等要求较松，只在《地铁设计防火标准》（GB 51298—2018）和《地铁安全疏散规范》（GB/T 33668—2017）中有相关要求。

2. 类似工程案例调研

对于疏散平台宽度，本书对国内部分典型高铁隧道、城际隧道的平台设置情况进行了调研，具体如表 2-2 所示。

表 2-2 典型隧道疏散平台设计方案

隧道名称		平台宽度/m	隧道名称		平台宽度/m
广深港高铁	狮子洋隧道	1.5	珠三角城际	穗莞深隧道、莞惠线隧道	1.0
	益田路隧道	1.0		佛莞线狮子洋隧道	1.0
	深港隧道	1.0	长株潭城际	湘江隧道、树木岭隧道	1.25
	香港段隧道	1.2	杭长客专	望江门隧道	0.8
北京直径线隧道		0.8	天津直径线隧道		0.8

由上表可知，隧道平台宽度基本为 0.8~1.5 m。疏散平台的宽度应根据工程的具体情况进行设计。

2.3.3 联络通道

1. 相关规范设计要求

联络通道是指连接同一线路区间上、下行的两个行车隧道的通道或门洞,在列车于区间遇火灾等灾害、事故停运时,供乘客由事故隧道向无事故隧道安全疏散使用。[《地铁设计规范》(GB 50157—2013)]

联络通道作为连接双洞隧道的主要通道,是区间疏散设施的重要组成部分,在地铁工程、铁路工程及其他轨道交通工程的设计规范中均有规定。表 2-3 所示为《地铁设计规范》(GB 50157—2013)、《地铁设计防火标准》(GB 51298—2018)、《城际铁路设计规范》(TB 10623—2014)、《铁路隧道防灾疏散救援工程设计规范》(TB 10020—2017)、《城市轨道交通工程项目规范》(GB 55033—2022)和《地铁安全疏散规范》(GB/T 33668—2017)中关于联络通道设计要求的总结。

表 2-3 联络通道设计要求总结

标准	GB 50157 —2013	GB 51298 —2018	TB 10623 —2014	TB 10020 —2017	GB 55033 —2022	GB/T 33668 —2017
通道间距/m	≤600	≤600	≤500	≤500	≤600	≤600
通道断面/m	—	—	≥3.0×2.2 (宽×高)	≥2.0×2.2 (宽×高)	—	—
通行净高/m	—	—	≥2.0	≥2.0	—	—
防火分隔	设并列反向开启的甲级防火门	设并列反向开启的甲级防火门	设防护门	设防护门	设甲级防护门	设并列反向开启的甲级防火门
防护门/m	—	—	净宽≥1.5	净宽≥1.5	—	—

从上述设计要点总结中可以看出,各规范中对通道间距的要求基本分为 500 m 和 600 m 两种,铁路工程要求为 500 m,地铁工程要求为 600 m。通道横断面铁路工程的要求也较地铁工程严格。就防火分隔而言,地铁工程中规定为甲级防火门,铁路工程中规定为防护门,铁路工程安全性高于地铁工程。

2. 类似工程案例调研

对于联络通道的间距设置,本书对国外隧道规范及部分国内外长大隧道的联络通道设置情况进行了调研,具体如表 2-4 和表 2-5 所示。

表 2-4　国外规范对联络通道间距的规定

国家	联络通道间距/m
澳大利亚	120
法国	200
德国	350
荷兰	100~250
瑞士	100
英国	100
美国	200

表 2-5　部分铁路长大隧道联络通道间距设置情况表

隧道名称	隧道长度/km	联络通道间距/m
英法海峡隧道	49	375
瑞士圣哥达隧道	57	325
瑞士列奇堡隧道	34.6	333
西康线秦岭铁路隧道	18.46	420
乌鞘岭隧道	20.02	420
石太客运专线太行山隧道	27.8	420
狮子洋隧道	10.8	<500

根据表 2-4 和表 2-5，国外规范对联络通道的间距要求普遍较小，但在长大隧道的实际工程中均为 300~500 m。

对于地铁隧道，国内城市轨道交通长大区间案例仍较少。

(1)上海长江隧道

上海长江隧道南起浦东新区外高桥，北连长兴岛，隧道长为 8.9 km；隧道为圆形隧道，内径为 13.7 m，上下两层，上层为公路层，下层为轨道层(19 号线预留)。

其救援疏散设施：轨道层分为三室，中间为正线，左侧为安全通道，右侧为电缆通道。轨道层安全通道与地铁隧道间联络通道间距为 830 m；安全通道往公路层逃生楼梯间距为 280 m；楼梯宽度为 0.7 m，按 1 股人流设计。

其救援疏散模式：轨道层借助公路层进行疏散、救援。

当轨道层列车在隧道内发生火灾时，封闭公路隧道，根据着火点位置启动送风排烟火灾设备，轨道列车的乘行人员则迎着新风疏散撤离，沿纵向安全通道经楼梯至上层公路交通层。同时，公路隧道也作为救援人员的进入通道。

（2）南京地铁 3 号线、10 号线

南京地铁 3 号线的过江通道起于江北浦珠路与柳州路路口布置的浦珠路站，下穿威尼斯水城、引水河泵站、长江后到达江南燕江路与中山北路路口布置的滨江路站。通道全长 3321.6 m。

南京地铁 10 号线的过江通道起于江心洲岛内纬七路过江隧道以西布置的江心洲站，下穿长江、江北水厂后到达江北纬七路过江隧道以西、纬七路收费站以南布置的滨江大道站。通道全长 3583 m。

隧道采用纵向通风系统，隧道顶部设断面面积约为 14 m² 的土建排烟风道以连通两站，排烟风道对应上、下行正线设置 3 组，共 6 个事故风阀，将本区间分为 4 段，可以通过事故风阀的启闭对事故区段进行排烟运行。滨江大道站和江心洲站站端各设 1 台 90 m³/s 的区间事故专用风机。火灾时根据着火点的位置，启动离着火点较近车站的区间事故专用风机，利用轨顶的事故风阀对着火点进行排烟运行；同时，另一侧车站的车站风机和区间事故专用风机对事故区间进行送风运行，保证区间中形成 2 m/s 以上的疏散气流，为乘客疏散创造有利条件。

隧道采用设置侧向疏散平台和左、右线间设置联络通道的消防疏散方式。隧道内疏散平台每隔 200 m 设置步梯。列车发生事故无法行驶时，端头车厢内的乘客通过端头门下至道床步行至车站或通过防灾疏散门进入相邻隧道等待接驳车辆救援，中部车厢内的乘客从车厢下至疏散平台，沿疏散平台步行离开车体至步梯处，再下至更为安全的道床进行疏散。区间疏散通道设计如图 2-16 所示。

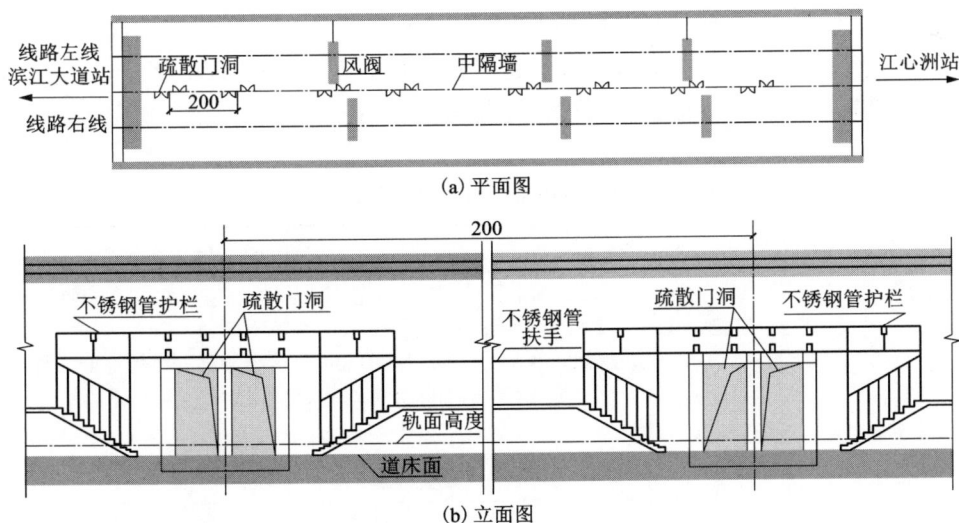

(a) 平面图

(b) 立面图

图 2-16　区间疏散通道设计（单位：m）

（3）青岛地铁2号线

青岛地铁2号线一期的西镇站与二期的瓦屋庄站之间全长为8278 m，此段线路中部下穿胶州湾湾口海域。海面宽约为4000 m，海底段隧道采用三孔隧道形式，设左、右正线两条主隧道，另设一条服务隧道。隧道间每隔600 m设置联络通道，并与服务隧道相连，该服务隧道用于事故时人员的疏散及救援。

地铁的通风系统由屏蔽门系统双活塞通风和机械通风两大部分所组成。由于中段地处海面下无法设置中间风井，因此只在海底隧道的两端设置中间风井。

根据青岛地铁通行规划设计，同一时段内海底隧道上、下行正线同时通行3列或3列以上列车。无论哪列列车出现火灾，都将列车行驶方向作为排烟方向。火灾前方的列车需要快速驶离危险区域，发生火灾的列车和火灾后方的列车滞留在海底隧道中时，车内乘客可以通过海底隧道中的联络通道向服务隧道内疏散。

综上所述，由于目前国内暂无关于长大区间的通用规范，各不同类别、不同工程地质条件下的长大隧道联络通道设置情况差异性较大。因此，对于长大区间，鉴于其兼具铁路工程和地铁工程的特性，其联络通道间距设置应根据多方因素综合确定，宜从严考虑。

2.3.4 紧急出口

1. 相关规范设计要求

紧急出口是指隧道内专门设置的，在发生列车灾害事故的情况下，能够满足人员从事故隧道直接疏散至地面的通道。

对于紧急出口，地铁工程相关规范中并未涉及。表2-6所示为《铁路工程设计防火规范》（TB 10063—2016）和《铁路隧道防灾疏散救援工程设计规范》（TB 10020—2017）中关于隧道紧急出口设计要求的总结。

表2-6 隧道紧急出口设计要求总结

标准	TB 10063—2016	TB 10020—2017
设置要求	应符合 TB 10020—2017 的相关规定	1. 10 km 以上的单洞隧道，应在洞身段设置不少于 1 处紧急出口 2. 5~10 km 的单洞隧道，宜在隧道洞身段设置 1 处紧急出口
设置间距	—	不宜大于 5 km
通道断面	—	宽度≥3.0 m，高度≥2.2 m
垂直高度	—	竖井式紧急出口垂直高度≤30 m
疏散楼梯	—	楼梯宽度≥1.8 m
设备设施	—	防灾通风、应急照明、通信等

2. 类似工程案例调研

对于紧急出口的间距设置，TB 10020—2017 中列出了国内外部分长隧道及特长隧道工程的实际设置情况，如表 2-7 所示。

表 2-7　国内外部分长大隧道紧急出口设置情况统计表

隧道名称	隧道形式	隧道长度/km	紧急出口数量	紧急出口最大间距/m	国家/线路
日直隧道	单洞双线	10.20	斜井 3 座	3086	韩国
金井隧道	单洞双线	20.33	斜井 2 座，竖井 3 座	5450	韩国
青函隧道本洲侧	单洞双线	13.55	斜井 2 座，横洞 1 处	5710	日本
青函隧道北海道侧	单洞双线	17.00	斜井 2 座	8060	日本
岩手一户隧道	单洞双线	25.81	斜井 3 座	7700	日本
南梁隧道	单洞双线	11.26	斜井 1 座	4695	石太高铁
大别山隧道	单洞双线	13.26	斜井 2 座	5760	合武铁路
金寨隧道	单洞双线	10.77	斜井 1 座	6345	合武铁路

由表 2-7 可知，隧道紧急出口的间距设置存在较大的差异，且均为单洞隧道。长大区间隧道为双洞隧道，工程设计中结合区间风井设置紧急出口，间距由风井位置确定，其他设置指标参照上述规范要求设置。

2.3.5　定点疏散救援

1. 相关规范设计要求

对于疏散救援定点，现行《地铁设计防火标准》（GB 51298—2018）、《地铁设计规范》（GB 50157—2013）及《城市轨道交通工程项目规范》（GB 55033—2022）中并未有相关条文规定。《铁路隧道防灾疏散救援工程设计规范》（TB 10020—2017）、《铁路工程设计防火规范》（TB 10063—2016）规定，隧道内设置的避难所、紧急救援站等防灾救援设施应符合 TB 10020—2017 中的规定。关于隧道紧急救援站设计要求的总结如表 2-8 所示。

表 2-8　隧道紧急救援站设计要求总结

标准	TB 10020—2017
设置原则	长度大于 20 km 的隧道或隧道群
设置间距	不应大于 20 km
设置位置	地质条件好、便于利用辅助坑道地段
站台长度	列车编组长度加一定的富余量
联络通道	间距≤60 m，断面面积≥4.5 m×4.0 m(宽×高)
站台宽度	宜不小于 2.3 m，站台面高于轨面≥0.3 m
等待区面积	0.5 m²/人
消防设施	防灾通风、应急照明、应急通信等
消防电梯	—

2.相关工程案例

(1)瑞士圣哥达隧道

圣哥达隧道为复线隧道，隧道中每隔 330 m 设一个交叉通道，在隧道建成后作为应急避难通道。在隧道中设多功能车站，为火车提供紧急停车的场所以及为隧道提供维修、通信、疏散等服务。线路间的渡线可以在基本不影响行车的情况下对隧道进行分段。在第二个多功能站处采用双层应急疏散通道和通风系统，双层疏散通道采用 2 部电梯进行连接。钢轨下面每隔几十米就有一块横板，一旦运输液体的车辆发生事故，可以防止液体随坡外流，将其控制在尽量小的范围内。圣哥达隧道定点救援如图 2-17 所示。

(2)西班牙帕哈雷斯隧道

西班牙高速铁路帕哈雷斯隧道全长 24.6 km，为双洞单线隧道，在隧道中间 3.9 km 的范围内设置定点，定点的形式为加密联络通道+2 条渡线。其具体布置如图 2-18 所示。

(3)石太客运专线太行山隧道

石太客运专线太行山隧道长 27839 m，南梁隧道长 11526 m，两座隧道口之间的距离为 184 m。隧道防灾疏散方案的设计中，设置 2 处救援站。

①1 号救援站。利用 1 号救援站处的 5 号斜井作为送风井，风井与隧道左右线均连通，斜井出地面处设置风机房，并配置 2 台事故送风机，其中 1 台备用。在 1 号救援站的端部设置排烟竖井，竖井与隧道左右线均连通，设置自然排烟风阀。在地面设置排风机房，配置 1 台排风机。其具体布置如图 2-19(a)所示。

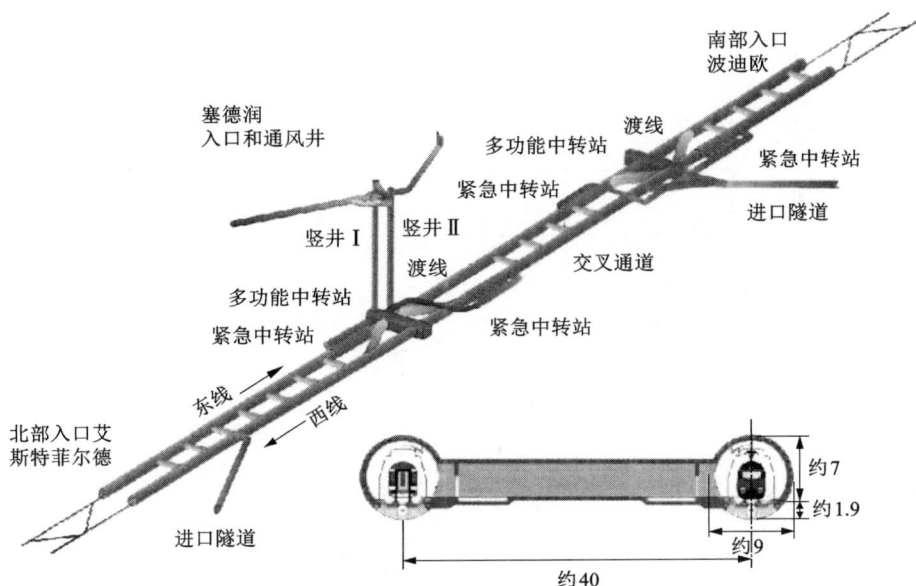

图 2-17 圣哥达隧道定点布置(单位: m)

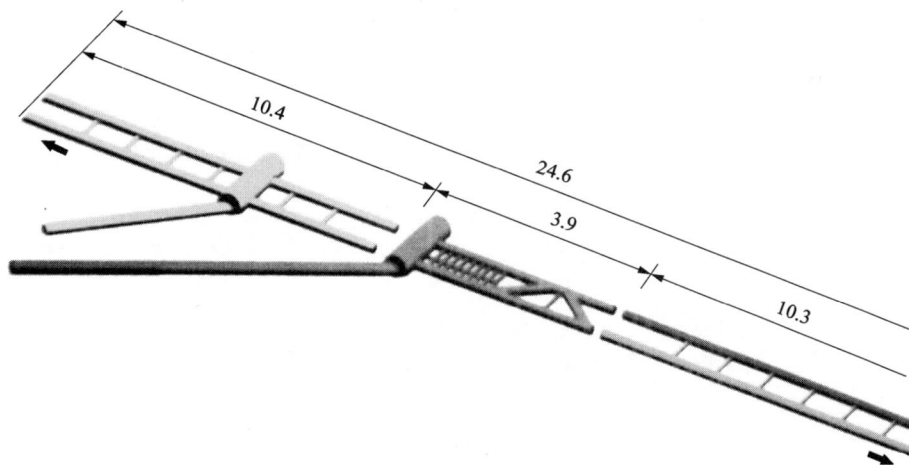

图 2-18 帕哈雷斯隧道定点布置(单位: km)

②2 号救援站。2 号救援站位于太行山隧道入口处,共设置 9 个联络通道。在 2 号救援站每个联络通道两端的防火门上方各配置 1 台双向轴流风机。具体布置如图 2-19(b)所示。

(a)1号救援站布置

(b)2号救援站布置

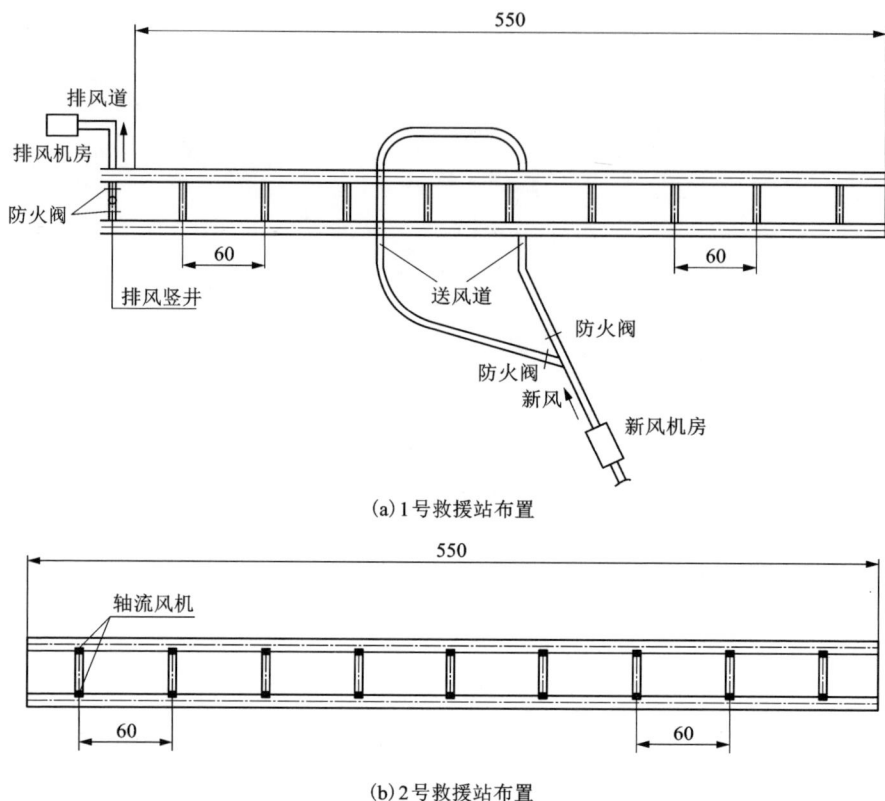

图2-19 石太客运专线太行山隧道紧急救援站布置(单位:m)

2.3.6 救援列车

1.救援列车设备配置

在区间隧道相邻车站配备救援列车及专用场地和设备,并能保证救援列车经常处于待动状态。

救援列车的编组及信号设施包括入库线、加油站、动力和照明电源、车场照明设备、通信设施、其他设施

救援列车的装备包括足够的牵引动力(内燃)、起吊设备、消防设备、医疗救护设备、通信及指挥系统、自身防护设备、其他设备。

2.列车救援原则

列车因故障在区间不能继续行进时,列车救援应遵循下列原则。

①列车救援应在控制中心的统一领导下,在行车调度员具体指挥与列车司机

的协调配合下完成，确保安全、高效、有序。

②列车救援应遵循"顺向救援"的原则，尽量采用相邻后续列车正向推进故障列车的方法施救；利用正线列车推送故障列车救援时，速度不宜高于 30 km/h。

③故障列车救援过程中应避免在区间清客；当救援列车无法在车站清客时，可考虑载客救援。

④列车救援期间应及时将故障情况通知全线列车及车站，并向乘客发布信息，做好疏导准备；故障列车退出运营后应及时安排备用列车上线，尽快恢复正常运营。

2.3.7　消防救援联动控制

1. 紧急事故管理措施

列车在区间隧道发生火灾时，区间救援疏散设计及运营组织方式应遵循以下原则。

1) 列车在区间运行期间发生火灾，若列车没有失去动力，司机应坚持将列车驶入前方车站或中间风井，尽量避免在区间停车；同时在第一时间将火灾情况报告给控制中心，命令前方车站清客、封站，做好火灾列车的疏散救援准备，启动车站火灾模式。

2) 列车发生火灾并被迫在区间停车后，应在控制中心的统一指挥下区间疏散乘客，原则上各岗位工作人员职责如下。

①控制中心在接到司机无法驾驶火灾列车继续行进的报告后，行车调度员扣停后续列车，环控调度员启动区间火灾模式。

②司机停车制动、降下受电弓，在得到控制中心下达的区间疏散乘客命令后，打开车门、进入车厢疏散乘客，乘客通过侧门离开车厢，在疏散平台上疏散。

③相邻车站值班站长指挥本站抢险人员就近或通过疏散通道进入现场，协助灭火、引导乘客疏散，并做好引导消防队员的工作。

④乘客在逃生标识和广播的指引下疏散，有序地离开火灾发生地点，通过疏散平台进入联络通道，利用对侧隧道的疏散平台步行至最近的紧急出口(中间风井、车站)，或在疏散平台等候救援。

⑤进行列车区间火灾疏散时，在列车受电弓降下的情况下，确认牵引网继续供电不会造成火灾恶化后，可继续向牵引网送电，避免因断电造成大范围列车无法行驶。

2. 消防联动控制

隧道发生事故或火灾时，控制中心应根据疏散安全性和实际运行条件尽快制订疏散救援方案，并指挥事故区段内的列车司机执行相应操作；一般而言，列车尽量利用自身残余动力或载客救援列车推动(非火灾)、优先驶入前方车站或前方中间风井；当列车失去动力或着火、进行区间疏散时，区间疏散路径如下：疏散平台—联络通道—对侧隧道的疏散平台—疏散救援定点(或车站)。

当火灾发生时，消防联动控制要求如下。

①控制中心应禁止未进入隧道列车进入，已进入隧道的列车应远离火灾列车驶出隧道。

②应切断火灾控制区域与消防无关的各种设备电源。

③接通火灾区域应急照明及疏散指示照明系统。

④列车工作人员组织乘客经预定疏散路线进行疏散。

⑤按预定控制模式启动相关区域排烟设施。

第 3 章
城市轨道交通长大区间火灾危险特性

3.1　前言

　　隧道火灾中，火灾烟气是造成人员群死群伤的罪魁祸首，70%以上的人员伤亡是由烟气造成的，因此需要确定火灾烟气中会对人体造成伤害的成分。为了确定城市轨道交通长大区间隧道通风排烟系统关键设计参数，需要先确定其火灾规模——通过文献查阅和理论分析的方法，确定地铁长大区间隧道火灾发展趋势及火灾规模。

3.2　火灾烟气危害及对人体的影响

　　目前，已知的火灾中有毒烟气的种类或有毒烟气的成分有数十种，包括无机类有害气体(CO、CO_2、NO_x、HCl、HBr、H_2S、NH_3、HCN、P_2O_5、HF、SO_2 等)和有机类有毒有害气体(光气、醛类气体等)。从国内外研究的对象来看，火灾烟气中的下列气体(或蒸气)已成为人们重点分析的目标：①单纯窒息性气体，包括 O_2、CO_2，其中 O_2 的含量与在场人员能否得以疏散和生存密切相关；②化学窒息性气体或蒸气，包括 CO、HCN、H_2S 和甲醛、丙烯醛；③黏膜窒息性气体，包括 HCl、NH_3、$COCl_2$；④其他气体(或蒸气)，包括 SO_2、NO_x 和苯酚、丙烯腈及 HF、HBr。

1. CO

　　许多火灾事故的善后调查都证实，火灾中由 CO 致死的人数占死亡总人数的 40%以上。目前人们了解较多并被唯一证实造成人员大量伤亡的有毒气体成分就是 CO，人们对此也给予了足够的重视。虽然 CO 只是烟气中的一种成分，但它几乎总是比烟气中其他成分的体积分数要高，大多数烟气中毒死亡的事故是由 CO 的作用造成的。

CO 在火场中的大致含量如下：地下室 0.04%~0.85%；闷顶阁楼内 0.01%~0.1%；楼内或室内 0.01%~0.4%；浓烟区域 0.02%~0.1%；硝酸纤维塑料燃烧38.4%；火药爆炸 2.47%~15.0%；可燃物爆炸 5%~7%。CO 体积分数对人体的影响如表 3-1 所示。

表 3-1 不同体积分数的 CO 对人体的影响

CO 体积分数/%	对人体的影响
0.01	几小时内影响不大
0.05	1 h 内影响不大
0.1	1 h 内感觉头痛、作呕、不舒服
0.5	20~30 min 内窒息死亡
1.0	1~2 min 内中毒死亡

CO 的危险体积分数：英国海军工程标准（NES）给出的人体暴露 30 min 的致死体积分数为 0.4%，国际标准化组织（ISO）给出的暴露 30 min 后导致半数动物死亡的参考体积分数为 0.57%。

2. CO_2

火灾中产生的 CO_2 也会造成在场人员呼吸中毒，尽管人们对其毒性机制还了解得不多。Heinrich Hebgen 在其编写的《房屋安全手册》中提到，碳和碳化物燃烧形成的 CO_2 及灭火装置中的 CO_2 在体积分数较大时有毒害和麻醉作用，当人处在 CO_2 体积分数为 10% 的环境中时就会有生命危险。英国的 E. G. Butcher 和 A. C. Parmell 也将 CO_2 列为火灾中的有毒气体，认为人在短时间暴露时的 CO_2 的危险体积分数是 10%，较长时间暴露时 CO_2 的最大允许体积分数是 0.5%。H. V. Williamson 则认为，尽管 CO_2 毒性较小，但当它处于灭火状态下的体积分数时会使人们失去知觉并导致死亡。在这种情况下，CO_2 对人的窒息作用要比 CO_2 本身的毒性作用更大。绝大多数人在 9% 的体积分数下能承受几分钟而不会失去知觉，但吸入更高体积分数的 CO_2 就会立即使人受害以致无法抢救。

CO_2 的危险体积分数：NES 给出的人体暴露 30 min 的致死体积分数为 10%。不同体积分数的 CO_2 对人体的影响如表 3-2 所示。

表 3-2　不同体积分数的 CO_2 对人体的影响

CO_2 体积分数/%	对人体的影响
0.55	6 h 内人体不会产生任何症状
1~2	引起不适感
3	呼吸中枢受到刺激，呼吸频率增大，血压升高
4	有头痛、耳鸣、目眩、心跳加快等症状
5	感觉喘不过气来，30 min 内引起中毒
6	呼吸急促，感到非常难受
7~10	数分钟内失去知觉并死亡

3. HCN

HCN 为无色、略带杏仁气味的剧毒性气体，其毒性约为 CO 的 20 倍。HCN 蒸气在低温干馏含氮材料时就会产生，它与各种天然和人造的材料有关，如纸张、皮革，尤其是棉花的阴燃。当体积分数足够大时，这种蒸气能够在 535 ℃ 条件下起火燃烧，但火灾中生成的氢氰酸蒸气的体积分数往往达不到可以着火的程度。

随着大量塑料被当作装饰材料使用，火灾中 HCN 对人体的毒害作用越来越引起人们的重视。通过研究火灾中死难者的血液，人们发现，有 30% 以上的人员死亡系 HCN 中毒所致，死亡者血液中的氰根（—CN）体积分数均超过致死体积分数。

有些文献还指出，含氮塑料在燃烧、热分解过程中会产生 HCN 气体（温度为 650 ℃ 时 HCN 的生成量最大），其生成量与通风条件密切相关，氧气供给越充分，HCN 生成量越大。HCN 的生成量与温度和空气供给量的关系如表 3-3 所示。HCN 对人的急性吸入毒性作用如表 3-4 所示。

表 3-3　HCN 生成量与温度和空气供给量的关系

试样	加热温度/℃	空气供给量/$(mL \cdot min^{-1})$	HCN 生成量/$(mg \cdot g^{-1})$
羊毛	700	500	39.6
		1000	40.5
聚氨酯装饰布	700	500	8.92
		1000	12.0

续表3-3

试样	加热温度/℃	空气供给量/(mL·min⁻¹)	HCN 生成量/(mg·g⁻¹)
阻燃聚氨酯 装饰布	700	500	12.9
		1000	14.1
腈纶	700	500	20.7
		1000	10.9

表 3-4 HCN 对人的急性吸入毒性作用

HCN 在空气中的质量浓度 /(mg·m⁻³)	毒性作用
5~20	2~4 h 使部分接触者出现头痛、恶心、眩晕、心悸等症状
21~50	2~4 h 使所有接触者出现头痛、恶心、眩晕、心悸等症状
100	接触者在数分钟内即出现上述症状，吸入 1 h 可致死
200	吸入 10 min 即可致死
>550	吸入后很快致死

4. HCl

火灾科学的诞生与人们对聚氯乙烯等含氯材料的关注密切相关，因为这类材料在火灾燃烧条件下释放出的 HCl 气体对火灾现场人员的生命安全造成了极大的损害，因而人们一度将 HCl 看成是造成火灾烟气具有毒性和腐蚀性的罪魁祸首。聚氯乙烯、聚偏氯乙烯、聚四氟乙烯塑料中都含有卤素元素，这些材料燃烧时的突出特点就是能释放出卤化氢（包括 HCl、HBr、HF）和 Cl_2、$COCl_2$ 等气体。

用 FT-IR 方法检测得到的典型材料在火灾燃烧条件下 HCl 的体积分数大致为 0.3%。用气相色谱等方法也可以检测 HCl 的体积分数。

HCl 的危险体积分数：NES 给出的人体暴露在 HCl 中 30 min 的致死体积分数为 0.05%；ISO 给出的暴露 30 min 后导致半数动物死亡的参考体积分数为 0.38%；ASTM（美国材料与试验协会）给出的暴露 30 min 后导致半数动物死亡的参考体积分数为 0.37%。显然，NES 标准与后两者的差异较大。

5. NH_3

NH_3 是一种有刺激性气味的气体，含氮塑料燃烧时就会产生这种有毒的气体，用 FT-IR 光谱、气相色谱等方法可以检测该气体的体积分数。

NH_3 的危险体积分数：NES 给出的人体暴露在 NH_3 中 30 min 的致死体积分数为 0.075%。

6. 丙烯醛

丙烯醛的分子式为 CH_2CHCHO 或 C_3H_4O，含有羰基。在常温条件下，这种有机物是无色或淡黄色、有毒、有刺激性臭味的液体。各种塑料在通风不足且温度较低的状态下燃烧时就会产生丙烯醛和甲醛气体。

用 FTIR 分析方法检测得到的典型材料在火灾燃烧条件下生成丙烯醛的体积分数大致为 0.03%。还可以采用液相色谱、光离子化检测等方法检测这种气体的体积分数。

丙烯醛的危险体积分数：许可暴露值为 0.1×10^{-6} 或质量浓度为 0.25 mg/m³；ISO 给出的暴露 30 min 后导致半数动物死亡的体积分数为 0.015%。

7. 甲醛

甲醛的分子式为 HCHO，也含有羰基。天然木材、人造材料(主要指胶合板、纤维板、刨花板等)和人造聚酯类材料在火灾燃烧条件下能够释放出对人体有害的甲醛和丙烯醛气体。在醛类化合物中，以甲醛对皮肤、眼睛及呼吸道黏膜的刺激作用最为强烈。

采用 FT-IR 光谱、液相色谱、气相色谱等方法可以检测该气体的体积分数。

甲醛的危险体积分数：8 h 的许可暴露(加权平均)值为 3×10^{-6}，最高暴露体积分数为 5×10^{-6}，超越最高体积分数的可接受的短暂暴露体积分数为 0.001%（对应的最长暴露时间为 30 min）。NES 给出的人体暴露 30 min 的致死体积分数为 0.05%，ISO 给出的暴露 30 min 后导致半数动物死亡的参考体积分数为 0.075%。

8. SO_2

SO_2 属于酸性气体，有刺激性臭味。

用 FT-IR 分析方法检测得到的典型材料在火灾燃烧条件下生成 SO_2 的体积分数约为 0.05%。采用气相色谱等方法也可以检测 SO_2 的体积分数。

SO_2 的危险体积分数：当 SO_2 在空气中的质量浓度为 1.64 mg/L 时，短时间内就会危及人的生命安全。NES 给出的人体暴露在 SO_2 中 30 min 的致死体积分数为 0.04%；而 ISO 给出的暴露 30 min 后导致半数动物死亡的体积分数则是 0.14%。这两种标准给出的数值差距很大。

9. NO_x

NO_x，包括 NO、NO_2、N_2O_5、N_2O_3、N_2O 等，一般认为仅仅包括 NO 和 NO_2。NO_x 为硝酸纤维素及其他含氮有机物的燃烧产物。聚氨酯、三聚氰胺甲醛树脂及尼龙等塑料材料，都含有氮元素，它们燃烧时会产生 NH_3、NO、NO_2、HCN 等有毒气体。

用 FTIR 方法检测得到的典型材料在火灾燃烧条件下生成 NO 的体积分数大致为 0.05%，生成 NO_2 的体积分数大致为 0.03%。采用气相色谱等方法也可以检测 NO、NO_2 在烟气中的体积分数。

NO_x 的危险体积分数：NO 主要影响人体的深部呼吸道，当 NO_x 在空气中的质量浓度为 1.2 mg/L 时，短时间内即可使人死亡。NES 给出的人体暴露在 NO_x 中 30 min 的致死体积分数为 0.025%；而 ISO 给出的暴露 30 min 后导致半数动物死亡的体积分数则是 0.017%。

10. HBr

HBr 是一种与 HCl 性质接近的卤化氢气体。用 FT-IR 光谱、气相色谱等方法可以检测这种气体的体积分数。

HBr 的危险体积分数：NES 给出的人体暴露在 HBr 中 30 min 的致死体积分数为 0.015%；而 ISO 和 ASTM 给出的暴露 30 min 后导致半数动物死亡的体积分数分别是 0.38% 和 0.30%。显然，NES 标准与 ISO 标准和 ASTM 标准的差异也很大。

11. HF

HF 也是一种卤化氢气体，因此也可以用 FT-IR 光谱、气相色谱等方法检测 HF 的体积分数。

HF 的危险体积分数：NES 给出的人体暴露在 HF 中 30 min 的致死体积分数为 0.01%；ISO 给出的暴露 30 min 后导致半数动物死亡的体积分数则是 0.29%。这两个数值差距甚大。

12. H_2S

H_2S 是一种有刺激性味道的有毒气体。可以采用 FT-IR 光谱、气相色谱等方法检测这种气体的体积分数。

H_2S 的危险体积分数：NES 给出的人体暴露在 H_2S 中 30 min 的致死体积分数为 0.075%。

13. 苯酚

苯酚的分子式为 C_6H_5OH，简称酚，俗称石炭酸，是一种最简单的酚类有机物。用 FT-IR 光谱、液相色谱等方法可以检测苯酚蒸气的体积分数。

苯酚的危险体积分数：NES 给出的人体暴露在苯酚中 30 min 的致死体积分数为 0.025%。

14. 光气

光气的分子式为 $COCl_2$，又称为碳酰氯或氯化羰基。光气无色，具有霉草气味，可由 CO 与 Cl 反应生成。

用 FT-IR 光谱、液相色谱等方法可以检测这种气体的体积分数。

光气的危险体积分数：其许可暴露值为 $0.1×10^{-6}$ 或质量浓度为 0.4 mg/m^3。

NES 给出的人体暴露在光气中 30 min 的致死体积分数为 0.0025%。当空气中光气质量浓度为 30~50 mg/m³ 时，可使人急性中毒；质量浓度为 100~300 mg/m³ 时，接触 15~30 min 即可使人严重中毒，甚至导致死亡。

15. 丙烯腈

丙烯腈的分子式为 CH_2CHCN，是一种不饱和腈，是无色、可燃、有毒的液体。用 FT-IR 光谱、液相色谱等方法可以检测这种蒸气的体积分数。

丙烯腈的危险体积分数：NES 给出的人体暴露在丙烯腈中 30 min 的致死体积分数为 0.04%。

3.3　火灾原因及特点

伴随着国内外地铁的大规模建设及运营线路和客流量的大幅度增长，国内外地铁火灾事故频发，给人们造成了巨大的财产损失，引起社会的恐慌。表 3-5 列出了国内外典型的地铁火灾案例。图 3-1 为隧道列车起火原因分布图。

表 3-5　国内外不完全的地铁火灾案例统计

时间	地点	原因	后果
1969-11-11	中国北京	电气故障	6 人死亡，200 多人中毒、受伤
1982-03-16	美国纽约	电气故障	86 人受伤
1983-08-16	日本名古屋	电气故障	3 名消防员死亡，3 名救援队员受伤
1987-11-18	英国国王十字车站	未熄灭的烟头	31 人死亡，60 多人受伤
1991-04-16	瑞士苏黎世	列车碰撞	58 人重伤
1995-10-28	阿塞拜疆巴库	电路故障	558 人死亡，269 人受伤
1996-06-11	俄罗斯莫斯科	爆炸	4 人死亡，7 人受伤
2003-01-25	英国伦敦	脱轨引发火灾	32 人受伤
2003-02-28	韩国大邱	人为纵火	198 人死亡，289 人失踪
2004-01-05	中国香港	人为纵火	14 人轻伤
2004-02-06	俄罗斯莫斯科	爆炸	近 50 人死亡，100 多人受伤
2004-03-11	西班牙马德里	恐怖袭击	190 人死亡，1500 多人受伤
2005-08-26	中国北京	电源线着火	列车司机受伤，停运 50 min

续表3-5

时间	地点	原因	后果
2007-07-29	法国巴黎	列车起火	35人中毒
2011-06-09	瑞士瓦莱州	车厢起火	超过300 m的隧道顶棚受损
2012-03-14	乌克兰基辅	电气线路老化起火	奥萨科尔加地铁站厅几乎焚毁
2013-06-05	俄罗斯莫斯科	电源线着火	59人受伤
2014-04-15	中国西安	原因不明	地铁站台发生火灾，但无人员伤亡
2017-02-10	中国香港	人为纵火	地铁车厢内发生火灾，8人受伤

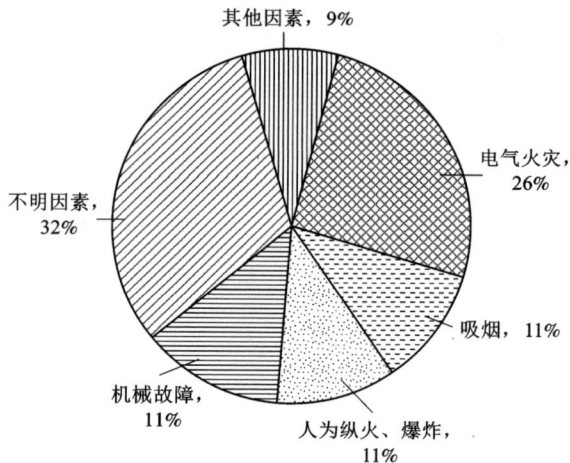

图3-1 隧道列车火灾起火原因分布图

相关科研人员分别从火灾发生原因、起火部位、死亡人数等方面对国外重大地铁火灾事故进行分析，其分析结果表明：从火灾发生原因上看，地铁起火原因主要为电气火灾、机械故障、人为纵火和爆炸、不明因素等。其中，约26%的火灾事故由电气的线路短路和设备故障等引起。在地铁运营过程中，地铁内都有大量的电气设备和线路，一旦电气设备和线路的负荷过大、漏电短路，将可能产生电火花、电弧，从而引发火灾，这可以通过加强设备和线路的检修和完善消防制度等措施来避免。11%的机械故障由机车驾驶员操作失误或机车缺乏保养等造成。11%的火灾事故由人为纵火、爆炸造成，目前，国内外恐怖组织猖獗，恐怖袭击频有发生，而地铁人员密集，将成为其攻击的重要目标。由于人们对社会的不满，纵火案时有发生。另有11%的火灾是由乘客吸烟等有意识或无意识的行为造成。另有32%的不明因素和9%的其他因素诱发地铁火灾。可以看出，随着消防规章制度和设备技术的日益发展与完善，机械故障或电气保养维修方面引发地铁火灾的可能性越来越小，而人们有意识或者无意识引发地铁火灾的可能性越来越大。隧道火灾原因主要归结为以下几种。

(1)区间隧道电气设备发生火灾

地铁列车均采用电力牵引，区间隧道内安装有各种电缆及电气设备，这些设备长期使用可能会老化或短路而引起火灾。另外，鼠害、潮湿、缺乏维修及使用不当等也有可能造成火灾。电缆的绝缘层为聚氯乙烯，燃烧产物包括 CO、CO_2、HCl 等。区间隧道内可燃物少而且相对分散，产生的火灾规模有限，一般不会影响行车安全。

(2)列车本身在行驶过程中发生火灾

列车发生脱轨、碰撞等事故时可能会造成火灾。列车顶部的电气线路、照明系统、空调器等有可能短路起火，列车底部的运动控制部件如列车牵引系统、控制系统和通信系统等车载部件及润滑油等可能引起火灾。由于列车顶部只设有空调器及必要的照明系统，其他列车车载设备(列车驱动系统、控制系统等)均位于列车底部，因此列车底部起火的可能性较大。

(3)乘客携带物品起火

按照规定，乘客乘坐地铁时严禁携带易燃易爆物品，但实际运营中由于安检不规范，乘客有可能携带危险品。乘客在车内吸烟、电池爆炸等都有可能引燃车厢内的可燃物，从而引起火灾。此外，地铁列车内有可能存在不法分子蓄意纵火或发动恐怖袭击，进而发生火灾。地铁列车相比于区间隧道，车厢和车体上可燃物较多。车厢内发生火灾时乘客将暴露在极端危险环境中，列车车体一旦发生火灾就可能影响列车继续行驶。

地铁作为我们生活中快捷方便的交通工具，带给我们诸多交通便利的同时，因其特殊的结构和运营管理方式，也存在一定的火灾隐患。由于地铁多建设于地下，属于狭长的受限空间且出口较少，相对封闭，而火灾产生的大量的有毒有害高温气体不易排出，给人员疏散救援带来困难，将严重威胁人们的财产、生命安全。

地铁区间隧道的火灾主要有以下五个特点。

(1)燃烧迅速、环境温度高

由于隧道是特殊的管状狭长结构，其围岩侧壁阻止热量的散失，导致隧道内环境温度迅速升高。此外，火灾发生时，隧道内施加机械通风进行排烟，火势迅速加大，甚至可能发生轰燃。

(2)燃烧热解后生成大量有害气体

与开放空间的火灾相比，区间隧道火灾的新鲜空气供应不足，可燃物燃烧并不充分，将会产生大量有毒有害气体，比如 CO、NO 等。然而现在地铁列车大多采用新型复合材料,其组分热分解后将会产生更多的有毒有害气体。

(3)能见度较低

火灾产生的大量有毒烟雾将会沿隧道轴向流动,隧道内将充满大量的烟气,能见度大大降低,严重影响人们行动,不利于人们的安全。

(4)人员疏散救援困难

火灾发生后,隧道内的逃生环境比较恶劣,这给地铁乘客自救造成困难,同时也给施救方及时抵达事故地点实施救援带来巨大的障碍。

(5)给人们造成大量的直接和间接损失

地铁线路一般沿城市的主干路走向进行建设,沿线楼房分布密集,商业繁华;同时地铁载客量大、人员密集,地铁区间隧道一旦发生火灾,就会严重影响人们的生命财产安全,给人们带来大量的直接和间接损失。

3.4 火灾发展及发展趋势

火灾自点燃后热释放速率将不断增加。热释放速率增长的快慢与可燃物的性质、数量、摆放方式、通风条件等有关。火灾发展过程如图3-2所示。

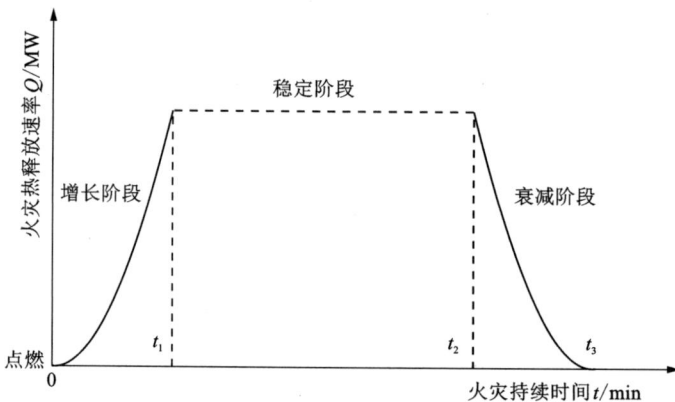

图3-2 火灾发展过程简图

在设计火灾时一般采用实验数据资料或火灾模型。大量实验表明,在实际火灾的初期和增长期,热释放速率随时间的推移不断增长,大多数常见可燃物着火时,热释放速率增长遵循时间的平方规律,所以又称为时间平方火(又称 t 平方火)。

$$Q = \alpha t^2$$

式中:Q——热释放速率,kW;

α——火灾增长系数,kW/s^2;

t——时间,s。

　　不同的可燃物火灾增长的时间常数不同, 按热释放速率增长的快慢通常将时间平方火分为四类, 即超快速火、快速火、中速火和慢速火。其发展规律如图 3-3 所示。

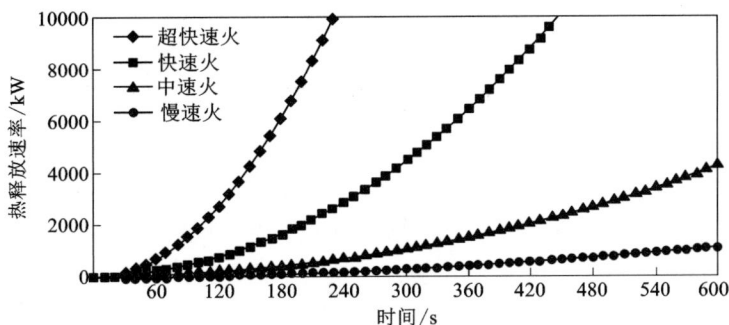

图 3-3　热释放速率的时间平方火模型描述

　　这四类标准时间平方火的特征如表 3-6 所示。

表 3-6　时间平方火的特征

增长类型	火灾增长系数/$(kW \cdot s^{-2})$	达到 1 MW 的时间/s	典型可燃材料
超快速火	0.1876	75	易燃的家具、窗帘
快速火	0.0469	150	装满东西的邮袋、塑料泡沫、叠放的木架
中速火	0.0117	300	棉与聚酯纤维床垫、木质办公座椅
慢速火	0.0029	600	厚重的木制品

　　由表 3-6 可知, 通常汽油等易燃液体的火灾表现为超快速火, 办公室火灾可用中速火或快速火表征; 行李可以参考装满东西的邮袋, 用快速火表征。火灾增长系数与多种因素相关, 火灾增长曲线多来源于试验。火灾增长系数与可燃荷载密度有较大的相关性: 对于可燃荷载密度不大于 1140 MJ/m^2 的场所, 其火灾增长系数介于慢速火和中速火之间; 对于可燃荷载密度为 1140~2280 MJ/m^2 的场所, 其火灾增长系数介于中速火和快速火之间; 对于可燃荷载密度为 2280~4560 MJ/m^2 的场所, 其火灾增长系数略高于超快速火。

　　考虑到我国的实际情况, 地铁列车一般采用钢制的座椅。本书中地铁列车火灾采用快速火, 火灾增长系数为 0.04689 kW/s^2。

3.5　火灾规模确定

在地铁区间隧道中，主要的可燃物为隧道列车。当选用不同类型的列车时，列车的火灾发展趋势及火灾规模也会发生相应的变化。因此，列车的类型决定了火灾规模。

1. 高速列车

当选用高速列车时，由于高速列车内部座椅往往填充一定的轻软材料，列车的行李架上会盛放乘客随身携带的行李，列车的火灾规模往往比较大。

据美国标准局(NIST)对不同垃圾袋火灾试验的统计数据，热释放速率曲线如图 3-4 所示。分析热释放速率曲线可以发现，最大热释放速率与可燃物的量有关。可燃物越多，最大热释放速率越大，试验中测得的最大的热释放速率在0.35 MW 左右。试验使用的垃圾袋内装的可燃物主要是废纸、树叶等，虽然与实际列车上的行李和座椅的材质不完全一致，但从燃烧特性方面分析，其与行李发生火灾具有一定的可比性。

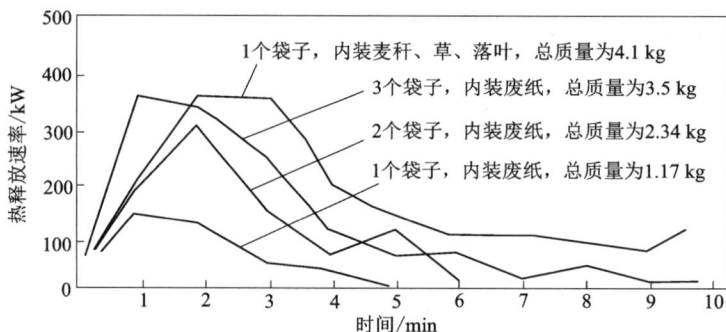

图 3-4　轻软材料火灾规模燃烧试验

英国消防研究所曾经对装有多件行李的行李手推车进行试验，得到的热释放速率曲线如图 3-5 所示。从图中我们可以看出，在进行 20 min 的试验时间内，650 s 时热释放速率最大为 1.2 MW，650 s 后热释放速率开始衰减。

根据上述分析，可以保守考虑行李发生火灾的最大热释放速率为 1.5 MW。

对于列车座椅火灾，依据《SFPE 防火工程手册》，单张座椅着火时的最大热释放速率为 200 kW，6 张座椅着火时的最大热释放速率为 1200 kW。

对于列车整体而言，当行李或座椅发生火灾而未被扑灭时，火灾进一步发展即会造成车辆整体燃烧。国内外相关试验数据表明：普通列车火灾持续时间较

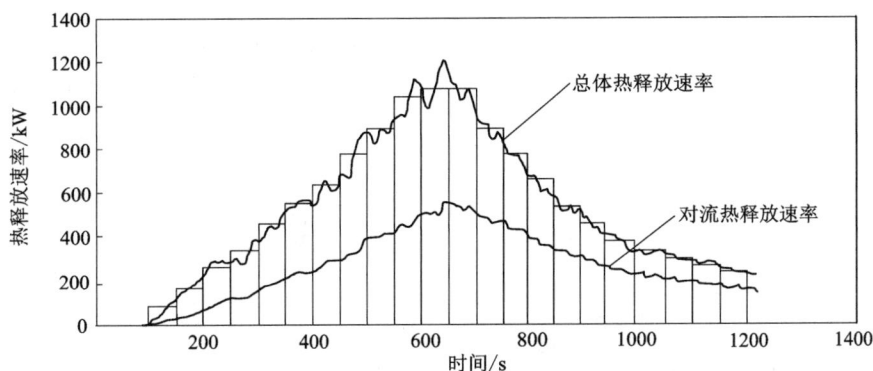

图 3-5　英国消防研究所试验结果曲线图

注：图中曲线为行李发生火灾的热释放速率随时间变化的曲线。

长，最大热释放速率一般不超过 16 MW，且其维持较高热释放速率的时间较短，而对于有软座或卧铺的列车，最大热释放速率则大于 16 MW。

根据 C. Barber、A. Gardiner 和 M. Law 在 1994 年发表的 *Structural Fire Design of the Oresund Tunnel* 一文，几种不同类型的列车火灾规模如表 3-7 所示。

表 3-7　不同类型的列车火灾规模统计

铁路系统	车厢类型	火灾规模峰值/MW
英国铁路	415[①]	16
英国铁路	Sprinter[②]	7
泰国铁路	卧铺[③]	16.3
泰国铁路	木质座椅[④]	14.0

注：①旧式硬座车厢，座椅无阻燃材料；②新式硬座车厢，座椅为阻燃材料；③硬卧车厢，开放式铺位，与走道间无遮挡；④旧式硬座车厢，座椅及车厢内墙均为木制的。

消防工程师对交通设施进行过许多现场火灾测试，其中有多个欧洲国家参与的一个较大的合作项目 EU 499 Firetun。在这一项目中，对一列客运列车、一辆校车和一个地铁休息厅的火灾热释放速率进行了测试（图 3-6、图 3-7）。一列客运列车的最高热释放速率是 13 MW，但在大多数时间里，其热释放速率低于 10 MW，火灾热释放速率在 5 MW 以上持续了 2 h。火灾在开始的 5 min 内发展到 2.5 MW，如果按时间平方火估算，其特征时间是 195 s（火灾从开始发展到

1054 kW），这一火灾发展速度介于中速火和快速火之间。

对与客运列车几何尺寸相似但有软座的一列地铁列车车厢进行测试，发现其火灾发展速度要快得多，接近于 t^2，特征时间是 105 s，介于快速火和超快速火之间，并达到更高的热释放速率（35 MW），但火灾在大于 5 MW 强度只持续了 40 min。

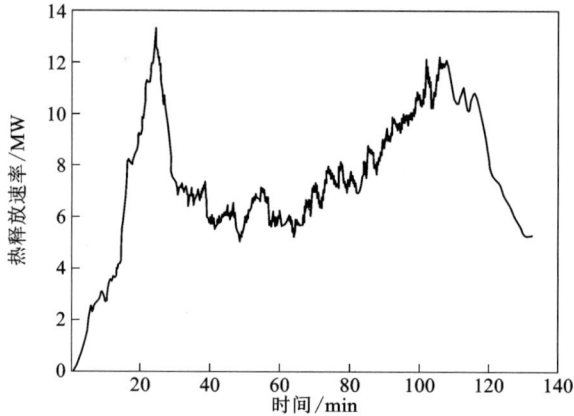

图 3-6　一列客运列车车厢起火

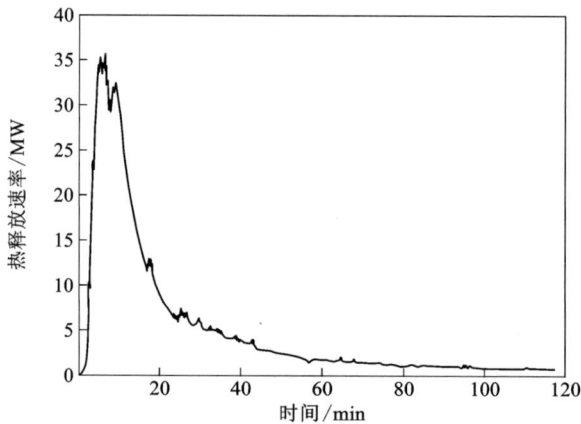

图 3-7　一列地铁列车车厢起火

在 1990—1993 年期间，欧洲 9 个国家联合在一个废旧矿山隧道中进行了 20 多次隧道火灾试验，重点测定了起火范围及整个隧道的温度、烟气流量、烟气体积分数等参数。试验共布置了 300 多个温度测点和 7 个气体测量断面。可燃物为轿车、旅游汽车、地铁列车车厢、客运列车车厢。运用氧耗原理计算得到的火灾热释放速率的结果如图 3-8、图 3-9 所示。

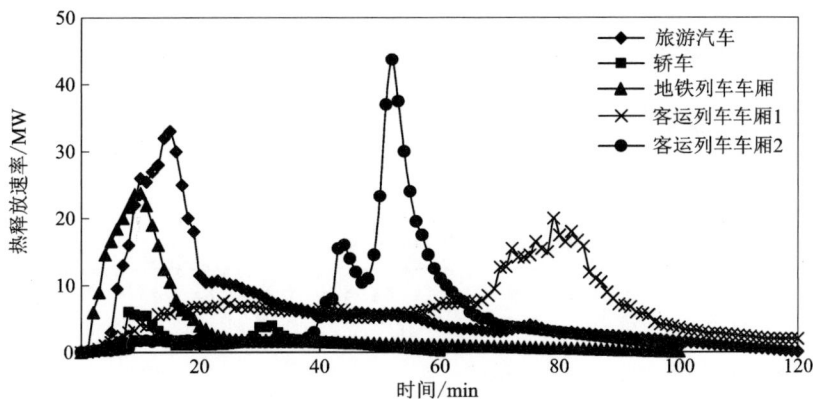

图 3-8　多种车辆火灾热释放速率随时间变化的实验结果图

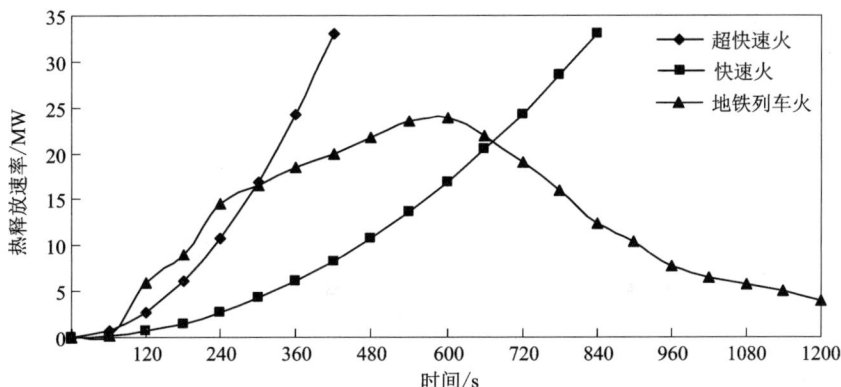

图 3-9　地铁列车火灾热释放速率随时间变化的实验结果图

2. 现代地铁列车

现代地铁列车所用的材料已经与从前列车所用的材料大不相同了，基本采用不燃或难燃材料制作，可减少有毒物质的产生，列车总体的耐火性能大大提高。

目前地铁列车车体一般采用轻型不锈钢材料，车体承载结构全部采用钢材；客室侧墙、端墙、内装饰板采用大型玻璃钢成型板材嵌装结构，材料具有良好的阻燃性。

地铁列车的所有电线、电缆均采用难燃、阻燃性的；地板采用在波纹钢板上面铺设陶粒砂和粘贴地板布的非木结构，具有良好的阻燃性。

地铁列车本身发生严重火灾的可能性是极低的，并且由于车厢内有较多的乘客，火灾会在早期被发现并被扑灭。

根据国内外相关试验数据，现代地铁列车的火灾规模可保守确定为 7.5 MW。

3. 市域快车

综合城市轨道交通运营经验，参考国内既有线路运行列车的特点，本研究以市域快车为背景，车辆主要技术方案如下所述。

（1）列车参数

列车各主要参数如表 3-8 所示。

表 3-8　列车各主要参数汇总表

车辆类型		市域列车(25 kV/50 Hz)，架空受电
列车编组		8 辆(4 动 4 拖)
车体最大长度 (车钩中心线间距)	头车/mm	25450
	中间车/mm	25000
车体宽度/mm		3300
车辆高度/mm		3860
定员/人		≥1750(4 人/m²)
每侧车门数/道		4

列车各车厢人员数量及车厢内座椅的平面布置如图 3-10~图 3-12 所示。

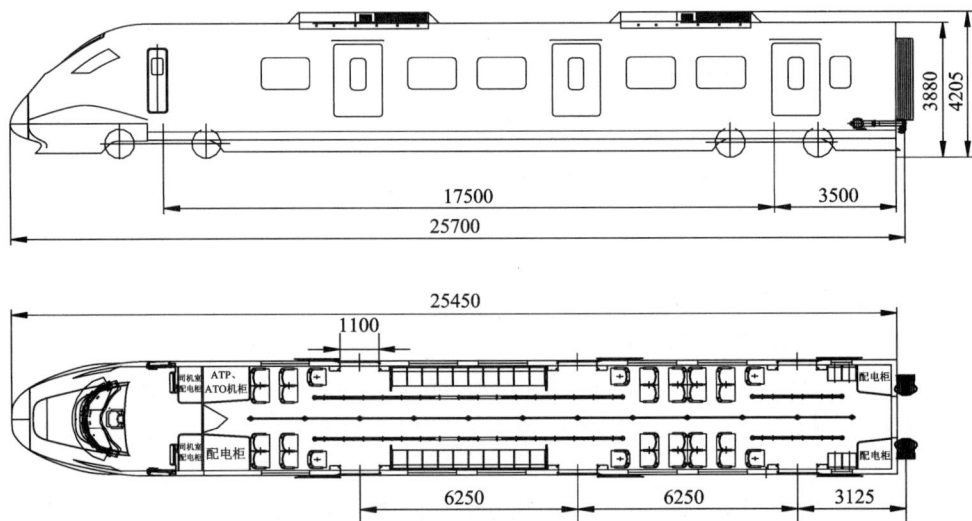

车型代号：头车(1号车)

载客量：定员(座席)载客量(AW1)54人

超员载客量(AW2，AW1+4.5人/m²)54人

图 3-10　列车头车平面布置图

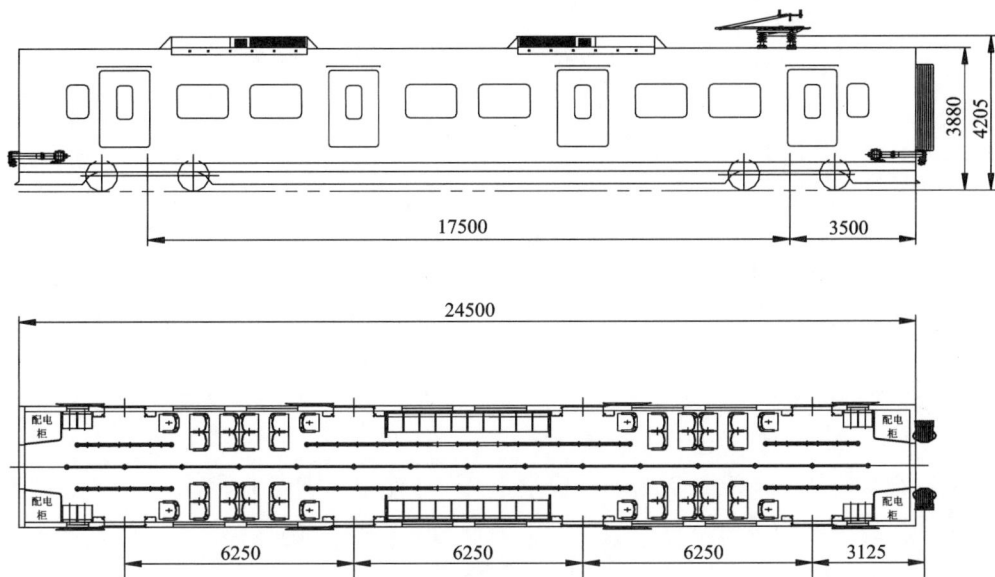

车型代号：带受电弓车(中间车)

载客量：定员(座席)载客量(AW1)68人

超员载客量(AW2，AW1+4.5人/m²)251人

图 3-11　列车带受电弓车平面布置图

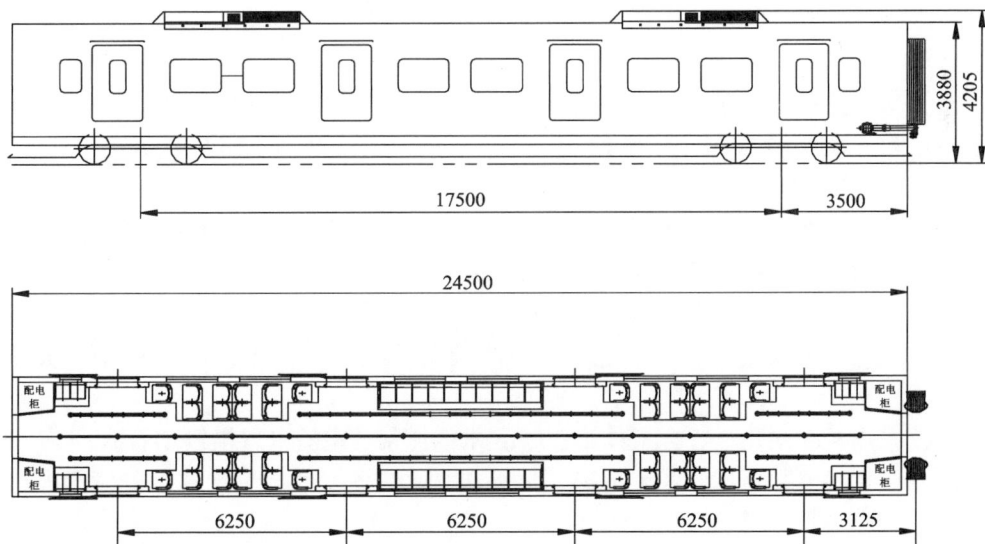

车型代号：中间车

载客量：定员(座席)载客量(AW1)68人

超员载客量(AW2，AW1+4.5人/m²)251人

图 3-12　列车中间车平面布置图

（2）车体材料

轨道交通车辆的车体材料通常采用普通钢、不锈钢、铝合金。早期的车体普遍采用普通碳钢，但是其强度差、质量大、耐腐蚀性差、使用寿命短，随着技术不断发展，开始使用轻量化不锈钢车体和铝合金车体取代普通碳钢车体。

①不锈钢车体。

不锈钢车体优点是耐腐蚀，但制造工艺性较差，不能采用弧焊，成形较困难。因此不锈钢车体的前端造型若特别复杂时，可采用钢材或玻璃钢制造。不锈钢膨胀系数大，热传导率低，必须采用点焊，易造成板材和型板间连接空隙，密封性差。

②铝合金车体。

铝合金车体的特点是自重轻。

铝合金车体的缺点是铝的弹性模量小，往往使车体刚度下降。

铝合金型材和不锈钢材料的选用更加有利于实现车体轻量化。铝合金车体外观非常漂亮，但耐腐蚀性能不如不锈钢车体。

铝合金车体采用整体全焊接结构，不怕风沙、雨水和雪水的侵袭，具有优良气密性。

（3）车体内部装饰

车体内部装饰直接关系到服务水平和乘客乘坐的舒适度。因此车体内部装饰应以人为本，与车辆的总体要求相适应，在满足功能性、安全性的前提下应具有现代美学特点。

①采用厚度不小于 3 mm，具有良好耐磨性、阻燃性、耐腐蚀性及防滑、便于清洗的聚合材料地板布。正常使用情况下，一个大修期内不得出现鼓泡、开胶、褪色、破损等缺陷。

②车体内墙、顶、地板采用模块化结构，车体内墙与外墙之间填充阻燃材料。

③地板周围及各螺栓、管道、电线等穿过地板的地方，应采取密封措施，以保证气密性及水不会渗漏到地板内部。

④采用固定式车窗，车窗上采用具有良好密封性、防水性的多层中空安全玻璃。

⑤采用经久耐用、符合人体工程学要求的座椅，座椅布置横纵结合。

⑥设置足够数量的扶手和立柱，护手和立柱应安全牢固，能够承受紧急制动情况下的冲击力。

⑦车内的设备布置考虑到检修作业的易操作性，各柜门的钥匙采用统一的形状、尺寸。

⑧客室应设置车内广播系统、视频监控系统、两端设置报警装置，车门上方设置到站显示装置。同时车内应放置足够数量的灭火器，灭火器应处于固定位置

并有明显标识。

根据《地铁设计防火标准》(GB 51298—2018)，国内地铁列车的设计火灾规模通常取用 7.5~10.5 MW，因此，参考上述试验结果、市域快车的车体材料属性、规范调研结果，推荐列车的最大火灾规模为 10.5 MW。

3.6　火灾场景分析

根据着火列车不同停靠位置，设置如图 3-13 所示的 10 种火灾场景。

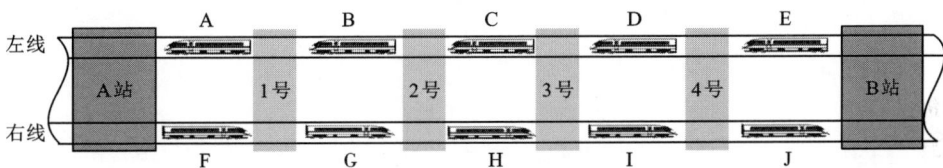

图 3-13　列车停靠位置示意图

针对不同停靠位置的着火列车，分别考虑火源位于列车内部和顶部的火灾场景，此外还考虑上述场景中火源分别位于列车中部和端部的火灾场景。

3.7　本章小结

①隧道火灾往往伴随着高温、烟气窒息、能见度下降，导致人员逃生困难，以及短时间内外部救援很难到达现场展开施救工作。隧道火灾事故除造成人员伤亡、大量的物资毁损外，还常常对隧道设施造成极大破坏并长时间中断交通，火灾造成的直接经济损失和财产破坏性巨大、间接损失难以估计。

②考虑到我国的实际情况，地铁列车一般采用钢制的座椅，结合通风排烟系统对火势加大的影响，本书中地铁列车火灾采用快速火，火灾增长系数为 0.04689 kW/s^2。

③参考试验结果、市域快车的车体材料属性、规范调研结果，推荐列车火灾的最大火灾规模为 10.5 MW。

④根据着火列车不同停靠位置，设置 10 种火灾场景，每种火灾场景分别考虑火源位于列车内部和顶部及列车中部和端部。

第4章

城市轨道交通长大区间通风排烟系统
关键设计参数数值模拟研究

4.1 前言

隧道火灾中，烟气是造成人员群死群伤的罪魁祸首，火灾中70%以上的人员伤亡是由烟气造成的，因此如何对隧道火灾烟气进行有效控制是隧道消防工程和火灾科学研究关注的一个热点问题。

为了保障隧道火灾发生时人员能够安全疏散，必须对火灾烟气进行控制，使人员不受烟气影响，有足够时间疏散至安全区域。因此研究城市轨道交通长大区间通风排烟系统关键设计参数具有重要意义。

本章将采用数值模拟的方法对城市轨道交通长大区间通风排烟系统关键设计参数进行研究。数值模拟方法可建立全尺寸长大区间模型，根据实际工程情况设置多种工况，对隧道火灾烟气控制方案进行研究。

4.2 数值模拟设置

4.2.1 边界条件

为了精确地得出隧道内火灾蔓延规律，考虑本书研究的实际工程情况，对模型进行相应的简化——列车模型总长为196 m，隧道模型长10 km，采用 Exhaust 模拟排烟效果，用 Supply 模拟补风效果，用 Hole 模拟门窗。隧道物理模型如图4-1所示。

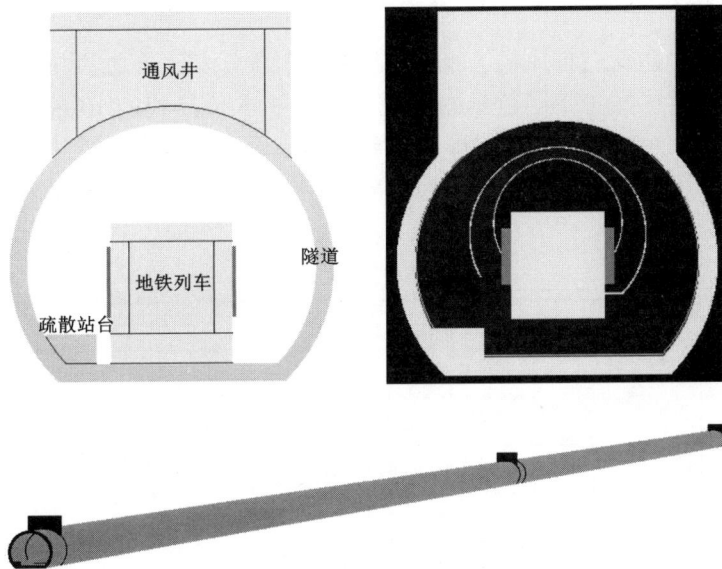

图 4-1 隧道物理模型示意图

4.2.2 网格设置

在 FDS 数值模拟中计算区域的网格分布。经 NIST 试验验证,当网格尺寸 d 取值为 $[D^*/16, D^*/4]$ 时模拟结果与试验结果非常吻合。

其中 D^* 为火灾的特征直径,通常表示为

$$D^* = \left(\frac{Q}{\rho_\infty c_p T_\infty \sqrt{g}}\right)^{\frac{2}{5}} \tag{4-1}$$

式中:D^*——火灾特征直径;

Q——总热释放速率,kW;

ρ_∞——环境空气密度,kg/m³,此处取 1.204 kg/m³;

c_p——环境空气比热容,kJ/(kg·K),此处取 1.02 kJ/(kg·K);

T_∞——环境空气温度,K,此处取 298 K;

g——重力加速度,此处取 9.81 N/kg。

通过计算可知 $D^* = 2.43$,则可知在本书中,利用 FDS 进行数值模拟计算,网格大小为 0.15~0.6 m 时,数值模拟计算的结果与真实情况比较接近,可靠性较高,故本书对隧道网格划分采用上面所描述的方法,隧道网格尺寸取 0.5 m。

4.2.3 工况设置

区间隧道内包含三种风机，即隧道风机、射流风机、推力风机，根据风量需求在车站与风井中布置不同数量的风机。根据 3.6 节提到的 10 种火灾场景，火灾烟气控制方案可归纳为三类，即车站到风井、风井到风井、风井到车站。选择右线 F、H、J 这三种火灾场景作为代表展开详细论述。工况设置如表 4-1 所示。

表 4-1 工况设置

工况编号	火源位置		风机开启方式
F1	车厢内部	列车中部	A 站开启 8 台射流风机和 2 台隧道风机，2 号风井开启 2 台隧道风机
F2	车厢内部	列车车头	
f1	车厢顶部	列车中部	
f2	车厢顶部	列车车头	
H1	车厢内部	列车中部	2 号风井开启 6 台射流风机、1 台推力风机和 2 台隧道风机，3 号风井开启 2 台隧道风机
H2	车厢内部	列车车头	
h1	车厢顶部	列车中部	
h2	车厢顶部	列车车头	
J1	车厢内部	列车中部	3 号风井开启 1 台隧道风机，4 号风井开启 1 台隧道风机，B 站开启 1 台推力风机和 2 台隧道风机
J2	车厢内部	列车车头	
j1	车厢顶部	列车中部	
j2	车厢顶部	列车车头	

4.3 临界风速研究

临界风速值是地铁隧道火灾烟气控制的一个重要技术参数，本节通过理论计算和数值模拟，对长大区间隧道内的临界风速展开研究。

4.3.1 理论计算

隧道火灾临界风速是指隧道内发生火灾时，能有效地将烟气控制于火源下风方向而不发生逆流的最小纵向通风风速。临界风速与线路的坡度、隧道截面几何尺寸、火灾发热量、火灾位置、烟气温度等有密切关系。

$$V_{\mathrm{C}}=K_1 K_2\left[\dfrac{gHQ}{\rho_\infty c_{\mathrm{p}} A\left(\dfrac{Q}{\rho_\infty c_{\mathrm{p}} A V_{\mathrm{C}}}+T_\infty\right)}\right]^{\frac{1}{3}} \tag{4-2}$$

式中：V_{C}——临界风速，m/s；

　　　K_1——临界查德森系数的 1/3 次幂，取 0.61；

　　　K_2——坡度修正系数，取 $1+0.0374i^{0.8}$，i 为隧道纵坡，%；

　　　g——重力加速度，取 9.81 N/kg；

　　　H——隧道高度，m；

　　　Q——火灾热释放速率，MW；

　　　A——隧道横截面面积，m^2；

　　　ρ_∞——流向火灾区的空气密度，$\mathrm{kg/m}^3$；

　　　T_∞——环境空气温度，K；

　　　c_{p}——环境空气比热容，$\mathrm{J/(kg \cdot K)}$。

从式中可以看出，能够防止逆通风的气流速度主要取决于火灾的热释放速率 Q、隧道横截面面积 A 及高度 H。

在临界风速理论计算时考虑全断面，当选用的列车火灾规模为 10.5 MW 时，根据上述计算方法：

$$V_{\mathrm{C}}=K_1 K_2\left[\dfrac{gHQ}{\rho_\infty c_{\mathrm{p}} A\left(\dfrac{Q}{\rho_\infty c_{\mathrm{p}} A V_{\mathrm{C}}}+T_\infty\right)}\right]^{\frac{1}{3}}$$

$$\Downarrow$$

$$V_{\mathrm{C}}=1.00\times0.61\times\left[\dfrac{9.81\times6.75\times1.05\times10^4}{1.2\times1.005\times42.4\times\left(\dfrac{1.05\times10^4}{1.2\times1.005\times42.4\times V_{\mathrm{C}}}+300\right)}\right]^{1/3}$$

$$\Downarrow$$

$$V_{\mathrm{C}}^3\times51.134\times\left(\dfrac{1.05\times10^4}{51.134\times V_{\mathrm{C}}}+300\right)=150301.144$$

$$\Downarrow$$

$$V_{\mathrm{C}}^3\times\left(\dfrac{205.343}{V_{\mathrm{C}}}+300\right)=2939.358$$

$$\Downarrow$$

$$300V_{\mathrm{C}}^3+205.343V_{\mathrm{C}}^2-2939.358=0$$

$$\Downarrow$$

$$V_{\mathrm{C}}=1.934 \text{ m/s}$$

根据上述计算结果，可以得出控制烟气流向的临界风速不宜小于 1.94 m/s。

4.3.2 数值模拟

用数值模拟计算临界风速时考虑环断面。本小节设置 4 种(5 号、6 号、7 号、8 号车厢)车厢起火情况下 4 种风速(1.3 m/s、1.5 m/s、1.7 m/s、2.0 m/s)共 16 组工况进行数值模拟。表 4-2 所示为具体工况设计。

表 4-2 临界风速数值模拟研究工况

工况编号	起火位置	风速值/(m·s⁻¹)
O1~O4	5 号车厢	1.3、1.5、1.7、2.0
O5~O8	6 号车厢	
O9~O12	7 号车厢	
O13~O16	8 号车厢	

模拟结果如图 4-2 所示。

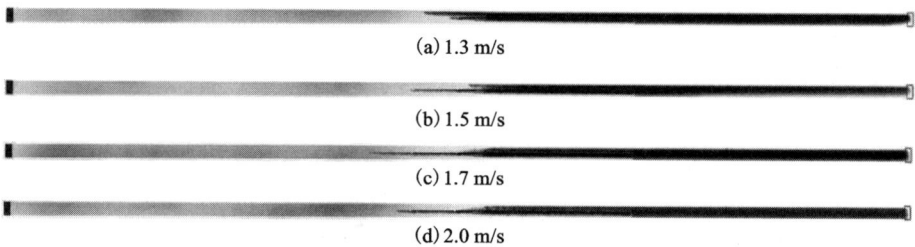

(a)1.3 m/s

(b)1.5 m/s

(c)1.7 m/s

(d)2.0 m/s

图 4-2 5 号车厢着火时烟气蔓延情况

由图 4-2 可看出,当起火点位于 5 号车厢,火灾规模为 10.5 MW 时,1.3 m/s 的纵向通风速率较小,烟气回流长度略长,不利于火源上游人员的逃生和救援,妨碍消防队员从上风方向接近火场;当纵向通风速率上升到 1.5 m/s 时,烟气已得到很好的抑制,火源上游的人员有充分的时间逃生和疏散,达到了 5 号车厢 10.5 MW 火灾规模下的临界风速。纵向风速从 1.3 m/s 上升到 2.0 m/s 的过程中,隧道拱顶下方烟气回流长度逐渐减小,车厢内的烟气回流增加,蔓延到相邻 1 节车厢内。

由图 4-3 可看出,当起火点位于 5 号车厢,火灾规模为 10.5 MW 时,1.3 m/s 的纵向通风速率较小,火源上游隧道拱顶部分温度较高;当纵向通风速率上升到 1.5 m/s 时,火源上游温度场得到了很好的控制,火源上游的人员有充分的时间

逃生和疏散，达到了 5 号车厢 10.5 MW 火灾规模下的临界风速。纵向风速从
1.3 m/s 上升到 2.0 m/s 的过程中，车厢内的温度场发生变化，影响相邻 1 节
车厢。

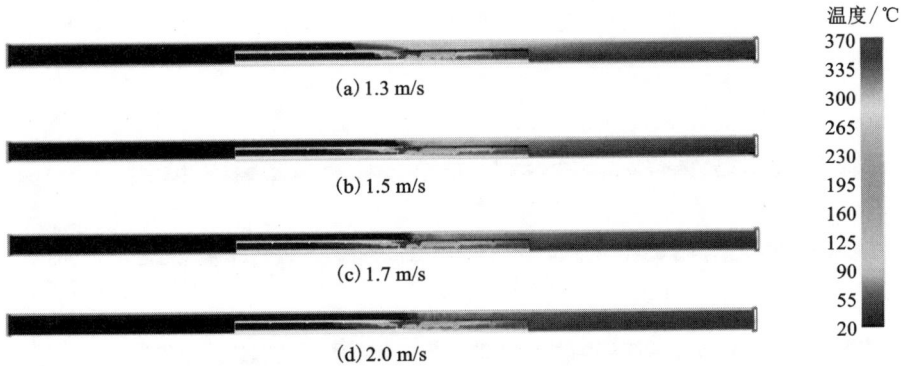

温度 / ℃
370
335
300
265
230
195
160
125
90
55
20

(a) 1.3 m/s

(b) 1.5 m/s

(c) 1.7 m/s

(d) 2.0 m/s

图 4-3　5 号车厢着火时纵向温度分布情况

　　由图 4-4 可看出，当起火点位于 6 号车厢，火灾规模为 10.5 MW 时，1.3 m/s
的纵向通风速率较小，烟气回流长度略长，不利于火源上游人员的逃生和救援，
妨碍消防队员从上风方向接近火场；当纵向通风速率上升到 1.5 m/s 时，烟气已
得到很好的抑制，火源上游的人员有充分的时间逃生和疏散，达到了 6 号车厢
10.5 MW 火灾规模下的临界风速。纵向风速从 1.3 m/s 上升到 2.0 m/s 的过程
中，隧道拱顶下方烟气回流长度逐渐减小，车厢内的烟气回流增加，蔓延到相邻
1 节车厢内。

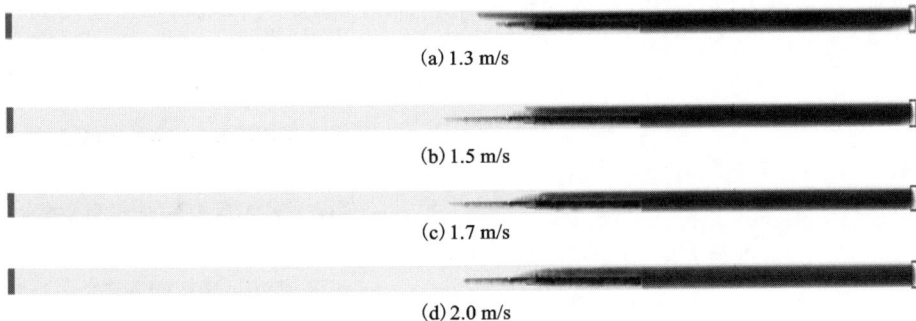

(a) 1.3 m/s

(b) 1.5 m/s

(c) 1.7 m/s

(d) 2.0 m/s

图 4-4　6 号车厢着火时烟气蔓延情况

由图 4-5 可看出，当起火点位于 6 号车厢，火灾规模为 10.5 MW 时，1.3 m/s 的纵向通风速率较小，火源上游隧道拱顶部分温度较高；当纵向通风速率上升到 1.5 m/s 时，火源上游温度得到了很好的控制，火源上游的人员有充分的时间逃生和疏散，达到了 6 号车厢 10.5 MW 火灾规模下的临界风速。纵向风速从 1.3 m/s 上升到 2.0 m/s 的过程中，车厢内的温度场发生变化，影响相邻 1 节车厢。

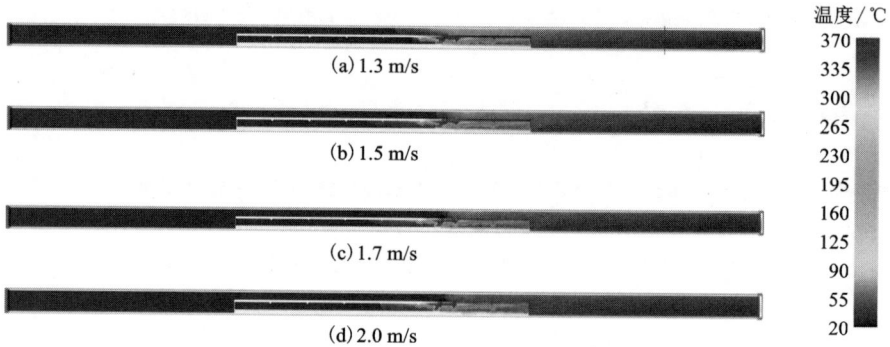

图 4-5　6 号车厢着火时纵向温度分布情况

由图 4-6 可看出，当起火点位于 7 号车厢，火灾规模为 10.5 MW 时，1.3 m/s 的纵向通风速率较小，烟气回流长度略长，不利于火源上游人员的逃生和救援，妨碍消防队员从上风方向接近火场；当纵向通风速率上升到 1.5 m/s 时，烟气已得到很好的抑制，火源上游的人员有充分的时间逃生和疏散，达到了 7 号车厢 10.5 MW 火灾规模下的临界风速。纵向风速从 1.3 m/s 上升到 2.0 m/s 的过程中，隧道拱顶下方烟气回流长度逐渐减小，车厢内的烟气回流增加，蔓延到相邻 1 节车厢内。

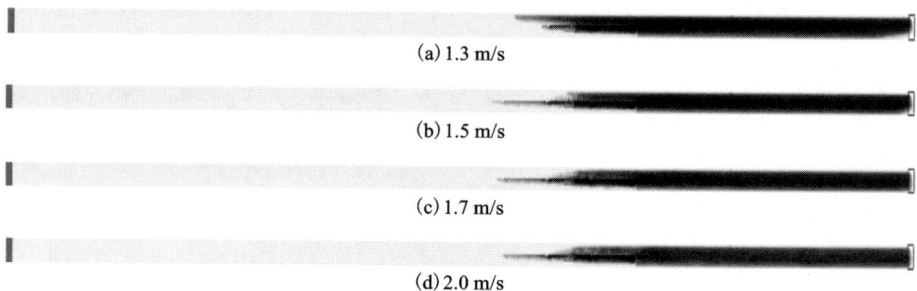

图 4-6　7 号车厢着火时烟气蔓延情况

由图 4-7 可看出，当起火点位于 7 号车厢，火灾规模为 10.5 MW 时，1.3 m/s 的纵向通风速率较小，火源上游隧道拱顶部分温度较高；当纵向通风速率上升到 1.5 m/s 时，火源上游温度得到了很好的控制，火源上游的人员有充分的时间逃生和疏散，达到了 7 号车厢 10.5 MW 火灾规模下的临界风速。纵向风速从 1.3 m/s 上升到 2.0 m/s 的过程中，车厢内的温度场发生变化，影响相邻 1 节车厢。

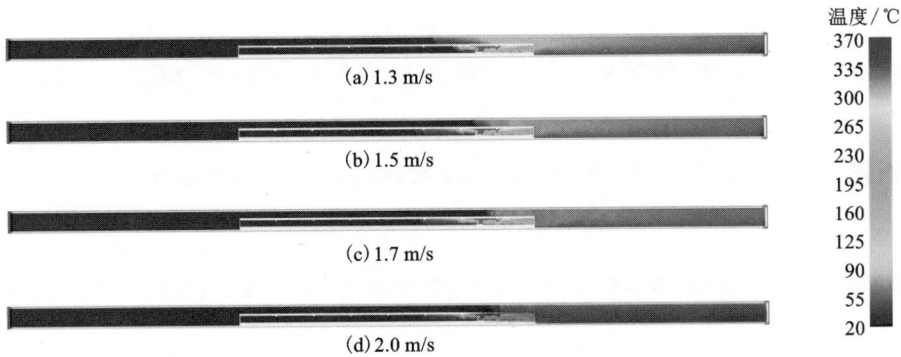

温度/℃
370 335 300 265 230 195 160 125 90 55 20

(a) 1.3 m/s

(b) 1.5 m/s

(c) 1.7 m/s

(d) 2.0 m/s

图 4-7　7 号车厢着火时纵向温度分布情况

由图 4-8 可看出，当起火点位于 8 号车厢，火灾规模为 10.5 MW 时，1.3 m/s 的纵向通风速率较小，烟气回流长度略大，不利于火源上游人员的逃生和救援，妨碍消防队员从上风方向接近火场；当纵向通风速率上升到 1.5 m/s 时，烟气已得到很好的抑制，火源上游的人员有充分的时间逃生和疏散，达到了 8 号车厢 10.5 MW 火灾规模下的临界风速。纵向风速从 1.3 m/s 上升到 2.0 m/s 的过程中，隧道拱顶下方烟气回流长度逐渐减小，车厢内的烟气回流增加，蔓延到相邻 1 节车厢内。

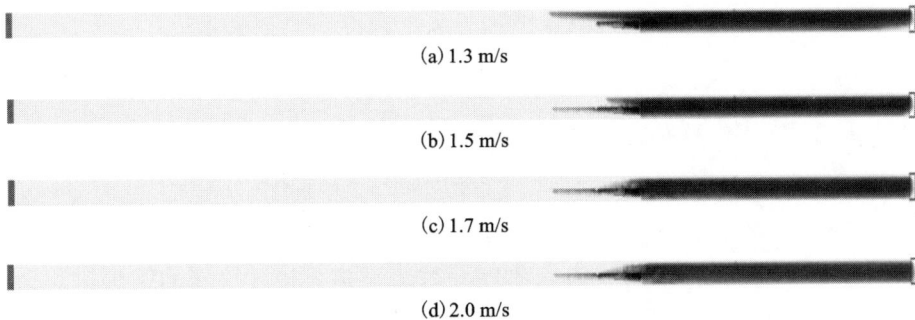

(a) 1.3 m/s

(b) 1.5 m/s

(c) 1.7 m/s

(d) 2.0 m/s

图 4-8　8 号车厢着火时烟气蔓延情况

由图 4-9 可看出，当起火点位于 8 号车厢，火灾规模为 10.5 MW 时，1.3 m/s 的纵向通风速率较小，火源上游隧道拱顶部分温度较高；当纵向通风速率上升到 1.5 m/s 时，火源上游温度场得到了很好的控制，火源上游的人员有充分的时间逃生和疏散，达到了 8 号车厢 10.5 MW 火灾规模下的临界风速。纵向风速从 1.3 m/s 上升到 2.0 m/s 的过程中，车厢内的温度场发生变化，影响相邻 1 节车厢。

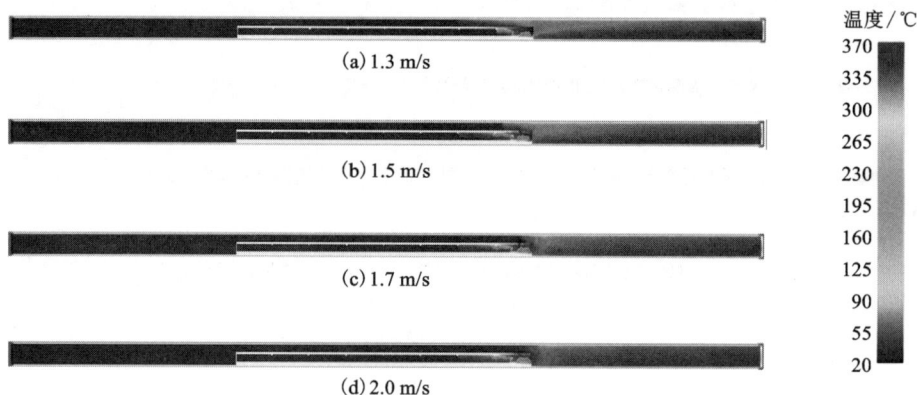

温度/℃
370
335
300
265
230
195
160
125
90
55
20

(a) 1.3 m/s

(b) 1.5 m/s

(c) 1.7 m/s

(d) 2.0 m/s

图 4-9　8 号车厢着火时纵向温度分布情况

综上可知：

①通过理论计算，可以得到控制烟气回流的临界风速约为 1.95 m/s。

②通过数值模拟研究，可以得到控制烟气回流的临界风速约为 1.5 m/s。

③《地铁设计防火标准》(GB 51298—2018)第 8.3.1 条第 1 项规定：采用纵向通风时，区间断面的排烟风速不应小于 2 m/s，不得大于 11 m/s。

④综合理论计算结果、数值模拟研究结果、规范规定，考虑消防工程设计和一定的安全余量，确定长大区间隧道临界风速值不小于 2 m/s。

4.4　长大区间火灾烟气控制方案确定

根据着火列车不同停靠位置，设置如图 4-10 所示的 10 种场景(A~J)。

针对 A~J 共 10 种不同火灾场景展开数值模拟，并对得到的结果进行分析。下面对右线 3 种典型代表场景，即车站到风井、风井到风井、风井到车站进行介绍。

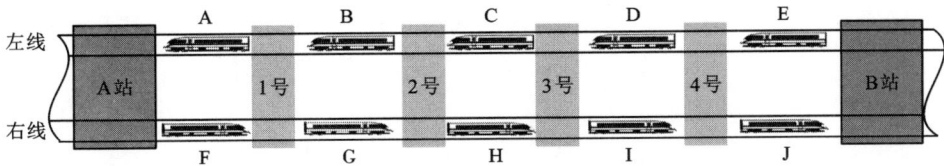

图 4-10　列车停靠位置示意图

4.4.1　车站到风井区间火灾烟气控制方案

1. 风机开启方式

场景 F 风机开启方式如图 4-11 所示。

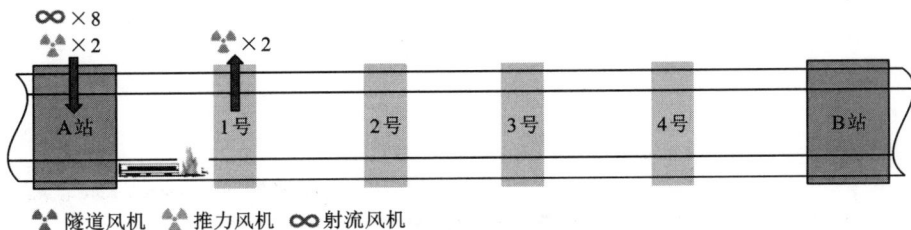

图 4-11　场景 F 风机开启方式示意图

当列车停靠在 A 站和 1 号风井之间时，A 站开启 8 台射流风机和 2 台隧道风机，送风量为 320 m³/s；1 号风井开启 2 台隧道风机，排风量为 200 m³/s。

火源位置在车厢内部时，列车中部的工况为 F1，列车头部的工况为 F2。

火源位置在车厢顶部时，列车中部的工况为 f1，列车头部的工况为 f2。

2. 列车内部发生火灾

（1）隧道拱顶下方温度变化

图 4-12 为火灾场景 F1 和 F2 下的隧道拱顶下方温度变化图。

由不同排烟模式开启方案的隧道拱顶下方温度变化图可知，不同工况下隧道拱顶下方最高温度不同，纵向温度衰减规律趋势相同，但是衰减速度不同。在开启排烟模式后，工况 F1 下隧道拱顶温度最高为 20 ℃，工况 F2 下隧道拱顶温度最高为 30 ℃。当火控制在车厢内部时，车厢有隔离火焰的作用，隧道拱顶温度相对降低。对比不同车厢发生火灾后的情况可知，隧道拱顶下方温度变化规律基本相同。

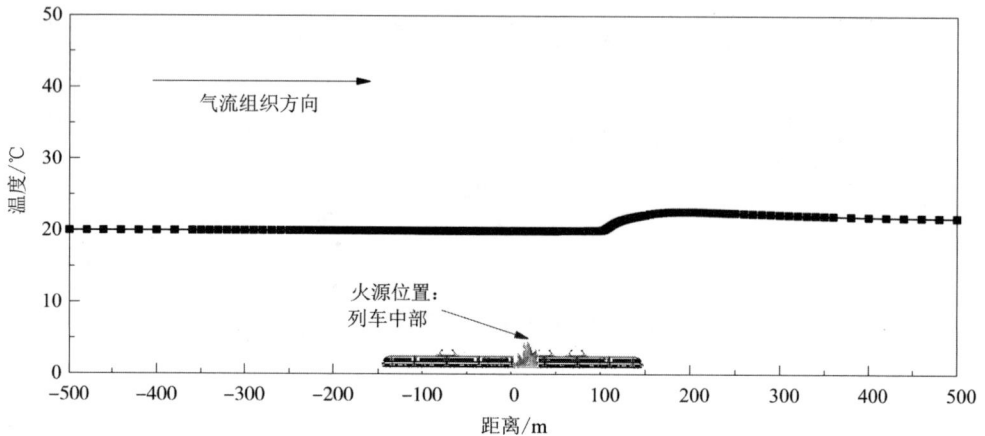

(a) 工况F1

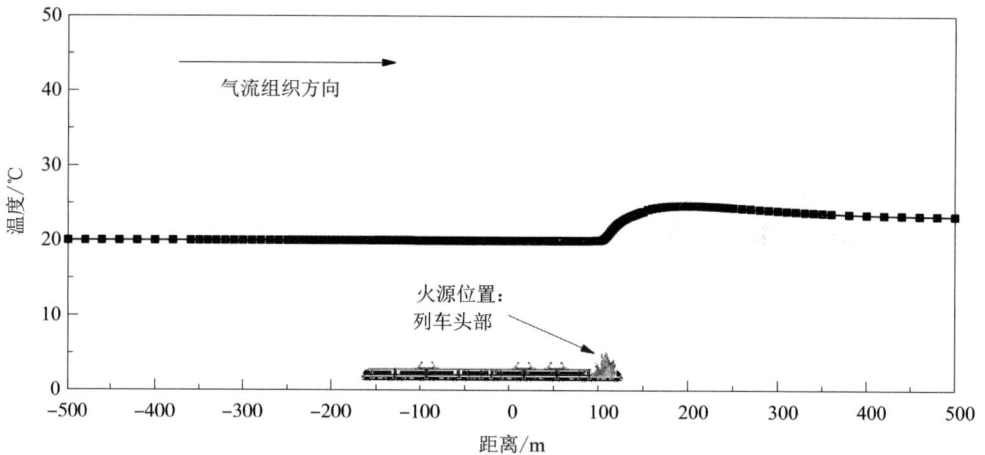

(b) 工况F2

图 4-12 工况 F1、F2 下隧道拱顶下方温度变化图

(2)隧道内纵向流速分布

图 4-13 为火灾场景 F1 和 F2 下的隧道内纵向流速分布图。

由隧道内纵向流速分布图可知,不同通风排烟方案启动后,隧道内形成稳定流场,列车附近风速较高,这是因为列车附近发生了阻塞效应,局部断面变小,导致风速增高;列车头部和尾部风速会降低,这是因为风速在断面变化时,会在列车头部和尾部产生涡旋。对比火源位于不同位置的火灾,发现隧道内纵向流速分布规律相同。

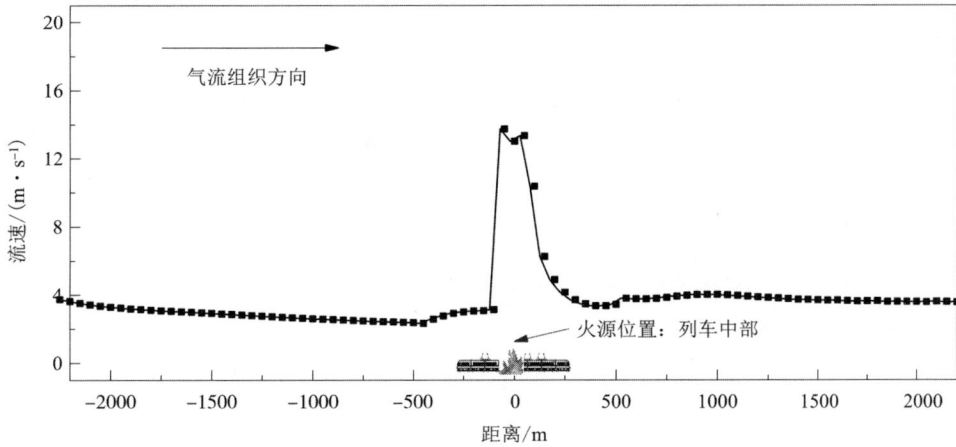

(a) 工况 F1

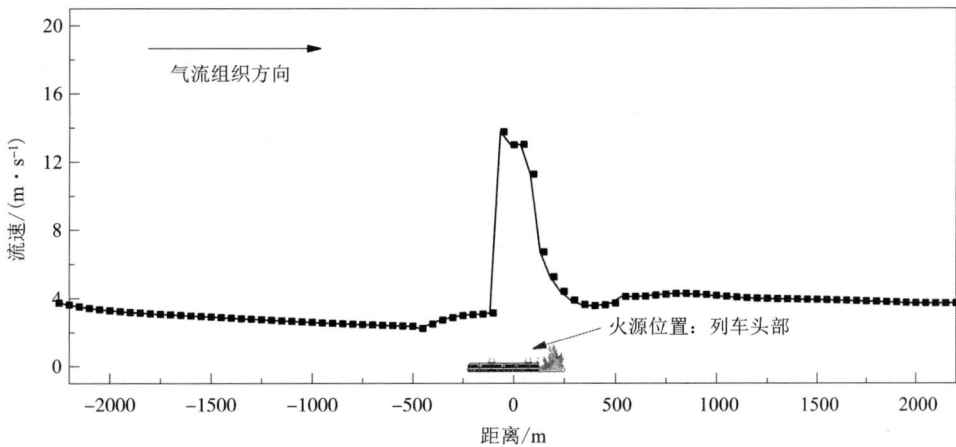

(b) 工况 F2

图 4-13　工况 F1、F2 下隧道内纵向流速分布

3. 列车顶部发生火灾

（1）隧道拱顶下方温度变化

图 4-14 为火灾场景 f1 和 f2 下的隧道拱顶下方温度变化图。

由不同排烟模式开启方案的隧道拱顶下方温度变化图可知，不同工况下隧道拱顶下方最高温度不同，纵向温度衰减规律趋势相同，但是衰减速度不同。在开启排烟模式后，工况 f1 下隧道拱顶温度最高为 60 ℃，工况 f2 下隧道拱顶温度最高为 40 ℃。由于火源位于列车顶部，隧道拱顶的温度相比火源位于列车内部时要高。对比不同火源位置的火灾发现，隧道拱顶下方温度变化规律基本相同。

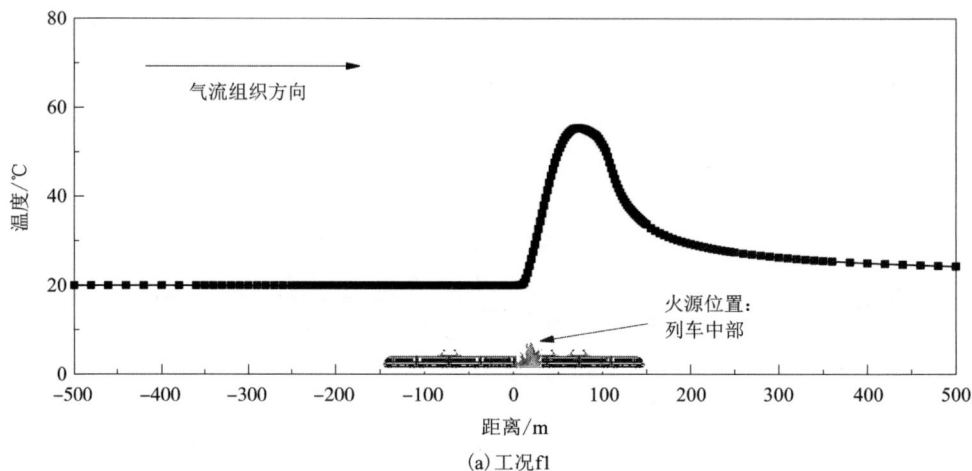

(a)工况f1

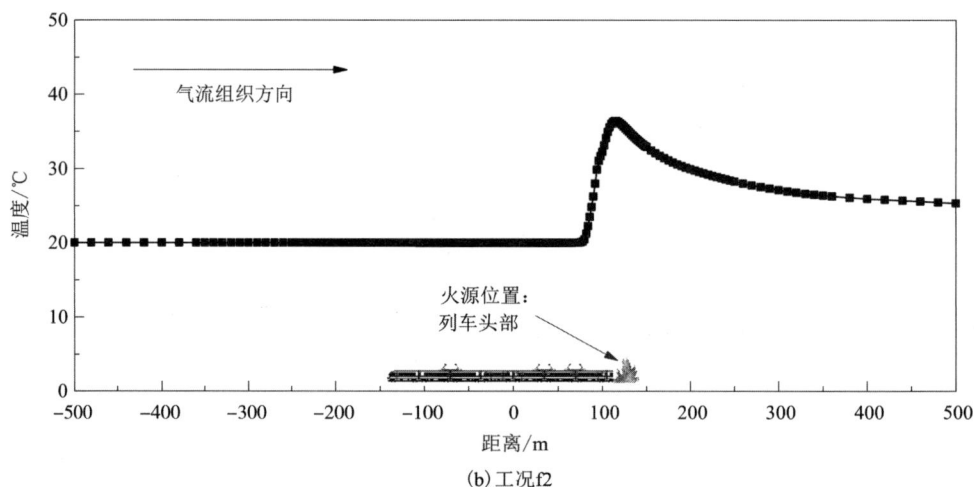

(b)工况f2

图4-14 工况 f1、f2 下隧道拱顶下方温度变化图

（2）隧道内纵向流速分布

图4-15 为火灾场景 f1 和 f2 下的隧道内纵向流速分布图。

由隧道内纵向流速分布图可知，不同通风排烟方案启动后，隧道内形成稳定流场，列车附近风速较高，这是因为列车附近发生了阻塞效应，局部断面变小，导致风速增高；列车头部和尾部网速会降低，这是因为风速在断面变化时，会在列车头部和尾部产生涡旋。对比火源位于不同位置的火灾，发现隧道内纵向流速分布规律相同。

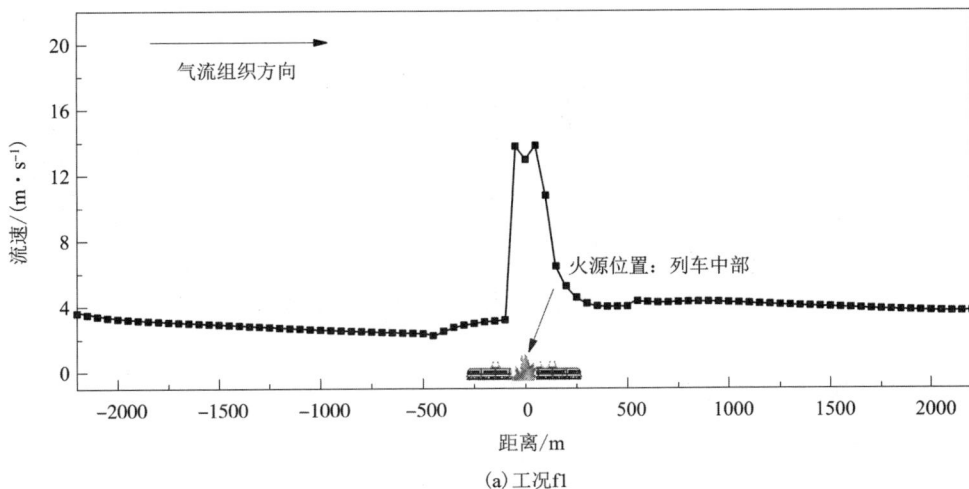

(a) 工况 f1

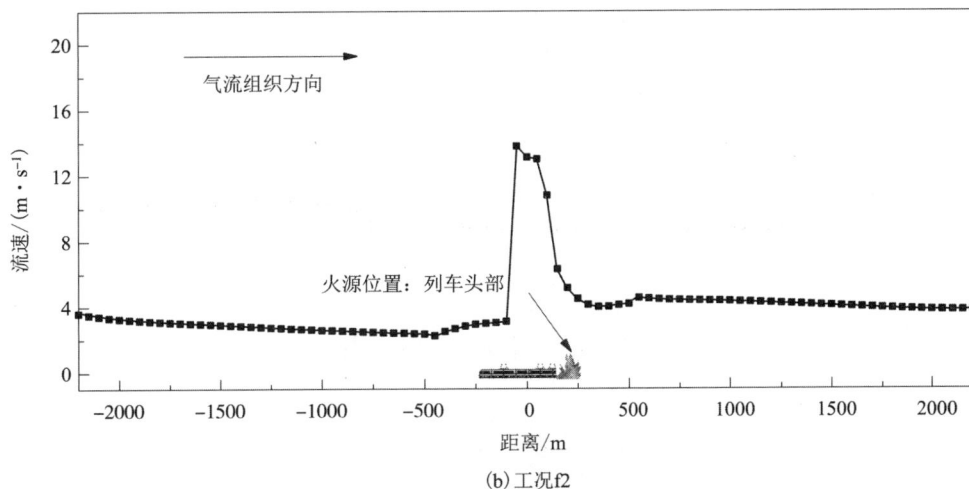

(b) 工况 f2

图 4-15　工况 f1、f2 下隧道内纵向流速分布

4.4.2　风井到风井区间火灾烟气控制方案

1. 风机开启方式

场景 H 风机开启方式如图 4-16 所示。

当列车停靠在 2 号风井和 3 号风井之间时，2 号风井开启 6 台射流风机、1 台推力风机和 2 台隧道风机，送风量为 320 m^3/s；3 号风机开启 2 台隧道风机，排风量为 200 m^3/s。火源位置在车厢内部时，列车中部的工况为 H1，列车头部的工况为 H2。火源位置在车厢顶部时，列车中部的工况为 h1，列车头部的工况为 h2。

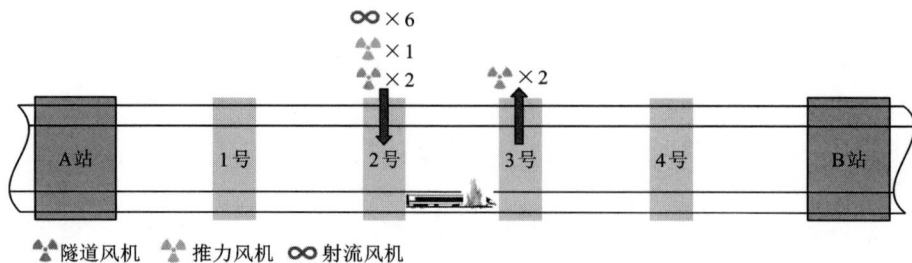

图 4-16 场景 H 风机开启方式示意图

2. 列车内部发生火灾

(1) 隧道拱顶下方温度变化

图 4-17 为火灾场景 H1 和 H2 下的隧道拱顶下方温度变化图。

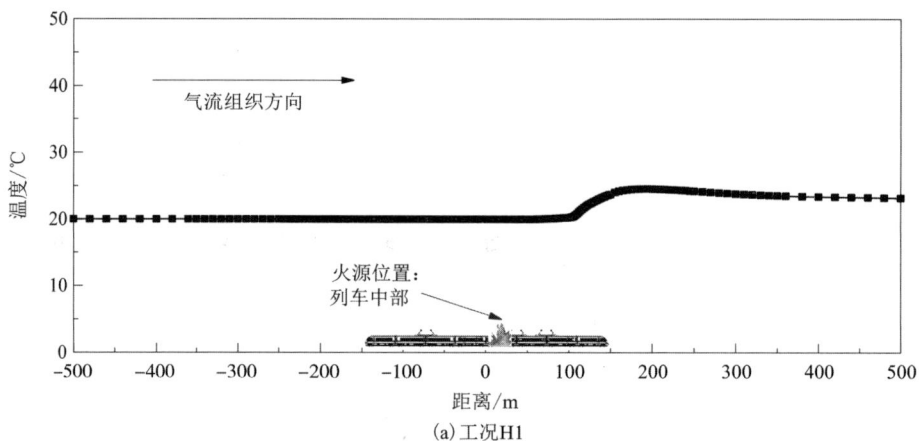

(a) 工况 H1

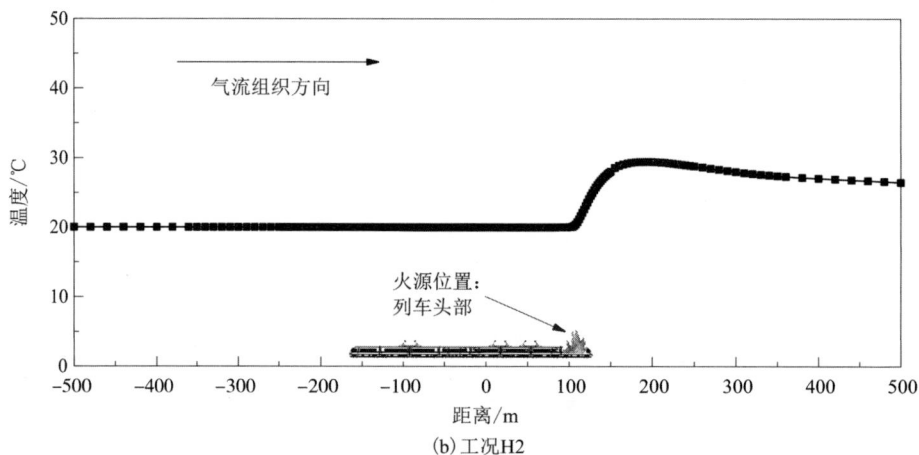

(b) 工况 H2

图 4-17 工况 H1、H2 下隧道拱顶下方温度变化图

　　由不同排烟模式开启方案的隧道拱顶下方温度变化图可知，不同工况下隧道拱顶下方最高温度不同，纵向温度衰减规律趋势相同，但是衰减速度不同。在开启排烟模式后，工况 H1 下隧道拱顶温度最高为 25 ℃，工况 H2 下隧道拱顶温度最高为 30 ℃。当火控制在车厢内部时，车厢有隔离火焰的作用，隧道拱顶温度相对降低。对比不同车厢发生火灾后的情况可知，隧道拱顶下方温度变化规律基本相同。

（2）隧道内纵向流速分布

图 4-18 为火灾场景 H1 和 H2 下的隧道内纵向流速分布图。

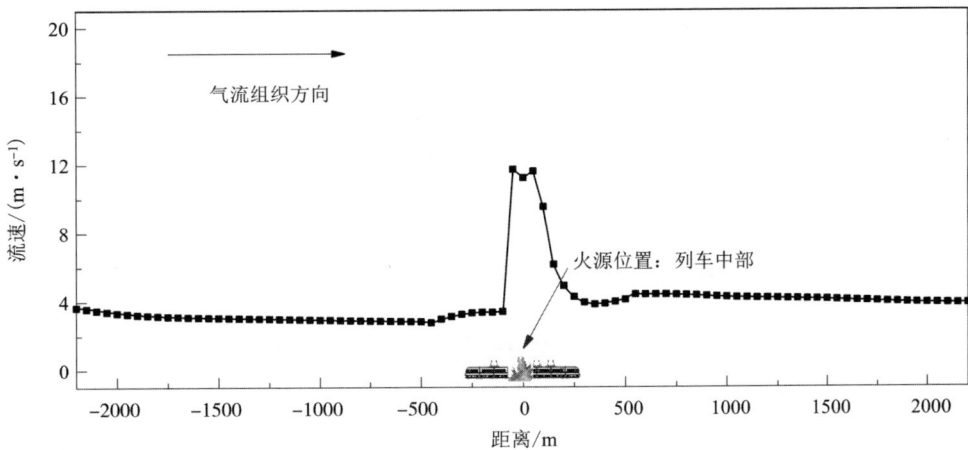

(a) 工况 H1

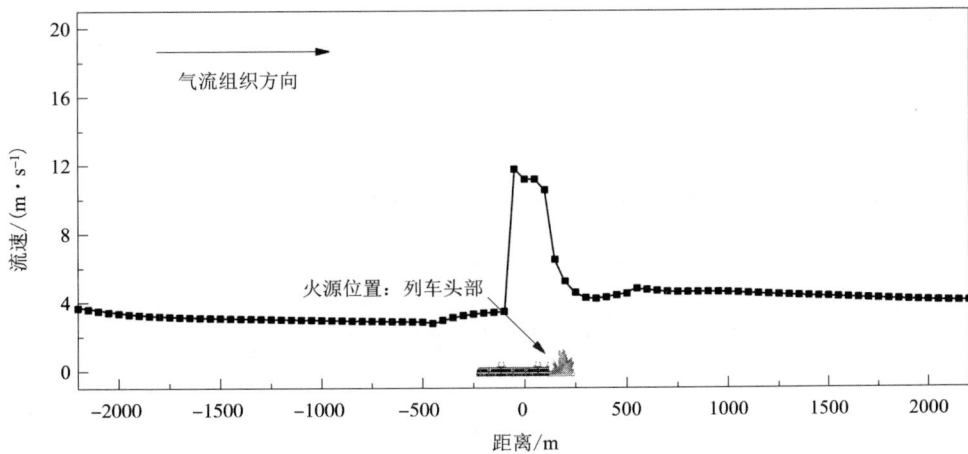

(b) 工况 H2

图 4-18　工况 H1、H2 下隧道内纵向流速分布

由隧道内纵向流速分布图可知，不同通风排烟方案启动后，隧道内形成稳定流场，列车附近风速较高，这是因为列车附近发生了阻塞效应，局部断面变小，导致风速增高；列车头部和尾部风速会降低，这是因为风速在断面变化时，会在列车头部和尾部产生涡旋。对比火源位于不同位置的火灾，发现隧道内纵向流速分布规律相同。

3. 列车顶部发生火灾

（1）隧道拱顶下方温度变化

图 4-19 为火灾场景 h1 和 h2 下的隧道拱顶下方温度变化图。

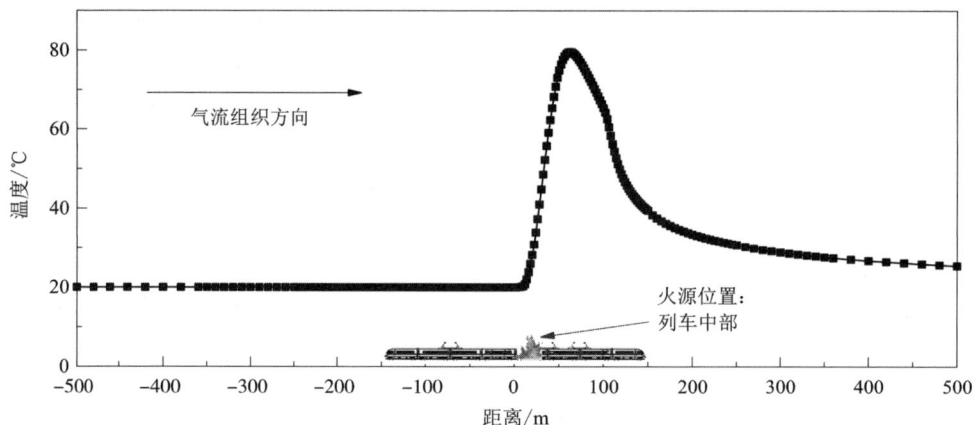

(a) 工况 h1

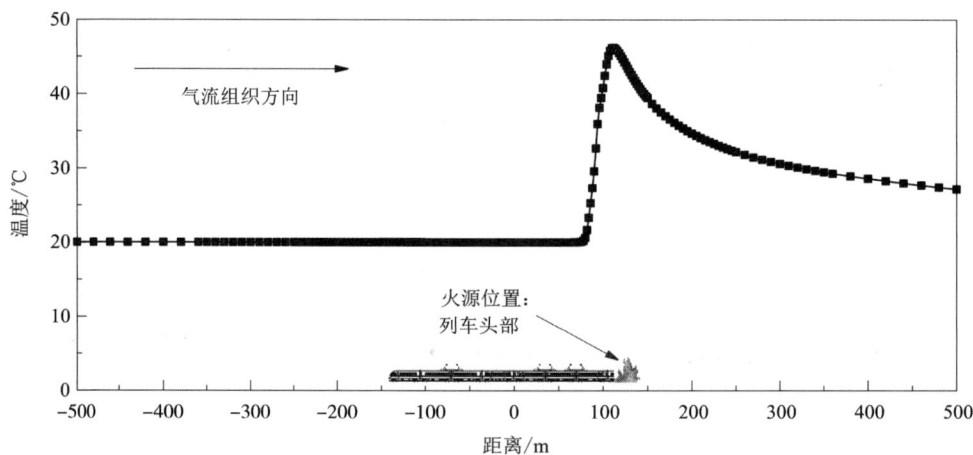

(b) 工况 h2

图 4-19　工况 h1、h2 下隧道拱顶下方温度变化图

　　由不同排烟模式开启方案的隧道拱顶下方温度变化图可知，不同工况下隧道拱顶下方最高温度不同，纵向温度衰减规律趋势相同，但是衰减速度不同。在开启排烟模式后，工况 h1 下隧道拱顶温度最高为 80 ℃，工况 h2 下隧道拱顶温度最高为 45 ℃。由于火源位于列车顶部，隧道拱顶的温度相比火源位于列车内部时要高。对比不同火源位置的火灾发现，隧道拱顶下方温度变化规律基本相同。

（2）隧道内纵向流速分布

　　图 4-20 为火灾场景 h1 和 h2 下的隧道内纵向流速分布图。

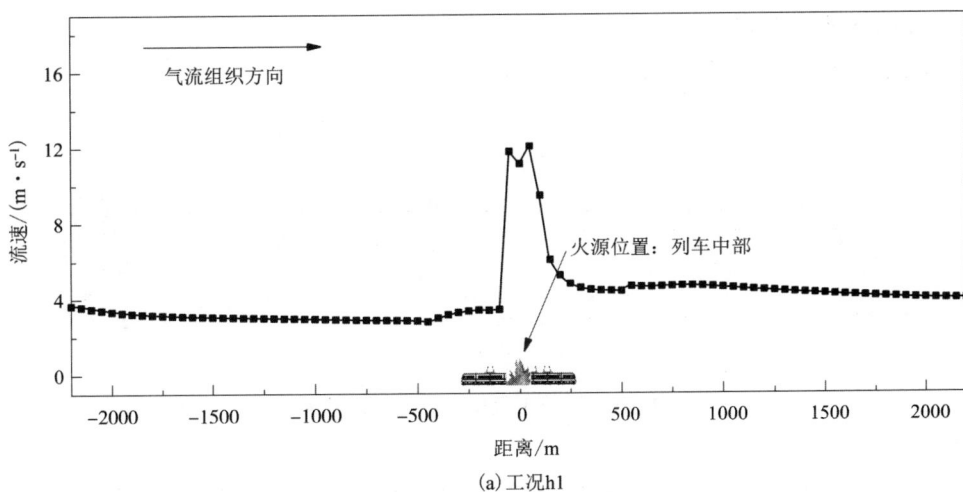

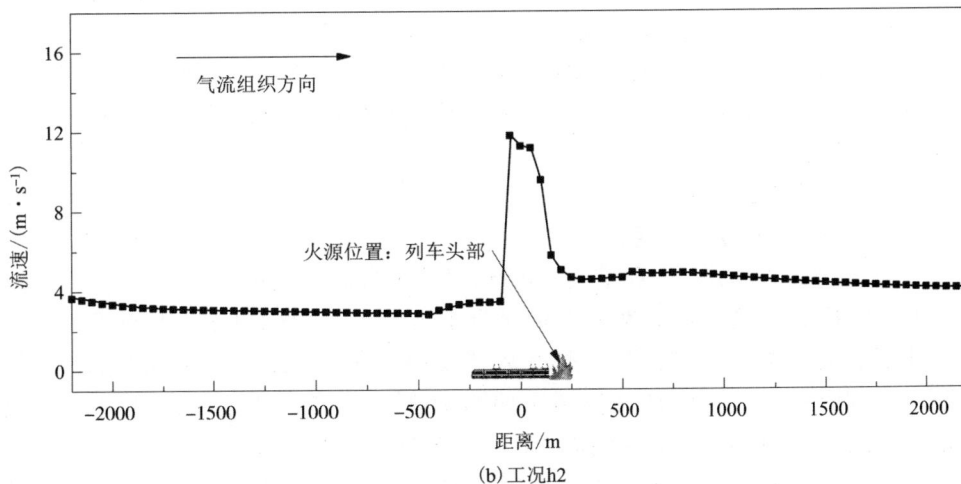

图 4-20　工况 h1、h2 下隧道内纵向流速分布

由隧道内纵向流速分布图可知,不同通风排烟方案启动后,隧道内形成稳定流场,列车附近风速较高,这是因为列车附近发生了阻塞效应,局部断面变小,导致风速增高;列车头部和尾部风速会降低,这是因为风速在断面变化时,会在列车头部和尾部产生涡旋。对比火源位于不同位置的火灾,发现隧道内纵向流速分布规律相同。

4.4.3 风井到车站区间火灾烟气控制方案

1. 风机开启方式
场景 J 风机开启方式如图 4-21 所示。

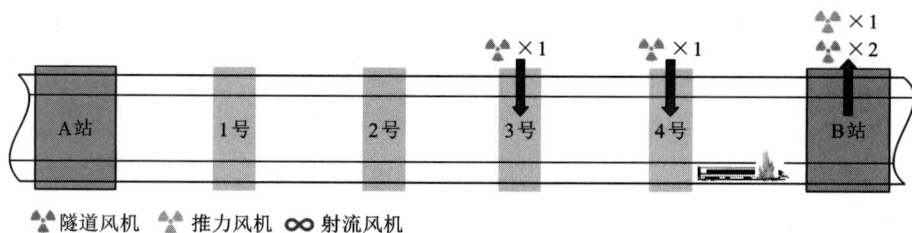

图 4-21 场景 J 风机开启方式示意图

当列车停靠在 4 号风井和 B 站之间时,3 号风井开启 1 台隧道风机,送风量为 100 m³/s;4 号风井开启 1 台隧道风机,送风量为 100 m³/s;B 站开启 1 台推力风机和 2 台隧道风机,排风量为 260 m³/s。火源位置在车厢内部时,列车中部的工况为 J1,列车头部的工况为 J2。火源位置在车厢顶部时,列车中部的工况为 j1,列车头部的工况为 j2。

2. 列车内部发生火灾
(1)隧道拱顶下方温度变化

图 4-22 为火灾场景 J1 和 J2 下的隧道拱顶下方温度变化图。

由不同排烟模式开启方案的隧道拱顶下方温度变化图可知,不同工况下隧道拱顶下方最高温度不同,纵向温度衰减规律趋势相同,但是衰减速度不同。在开启排烟模式后,工况 J1 下隧道拱顶温度最高为 25 ℃左右,工况 J2 下隧道拱顶温度最高为 30 ℃。当火控制在车厢内部时,车厢有隔离火焰的作用,隧道拱顶温度相对降低。对比不同车厢发生火灾后的情况可知,隧道拱顶下方温度变化规律基本相同。

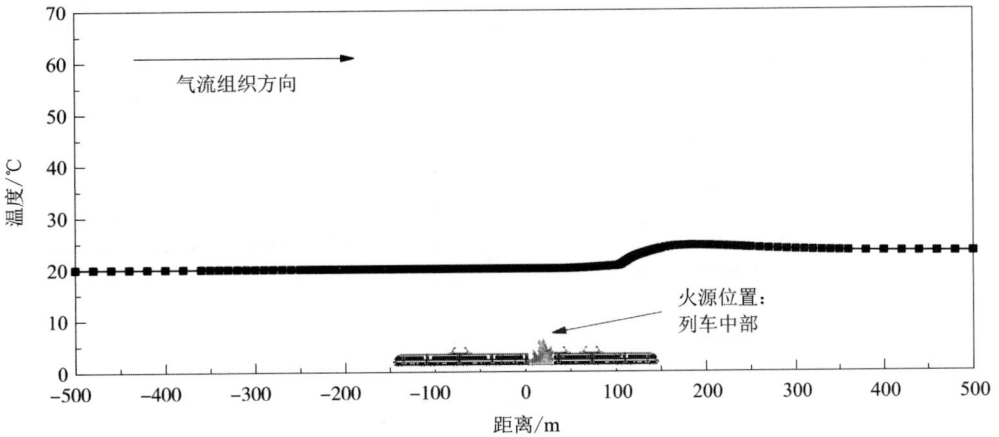

(a) 工况 J1

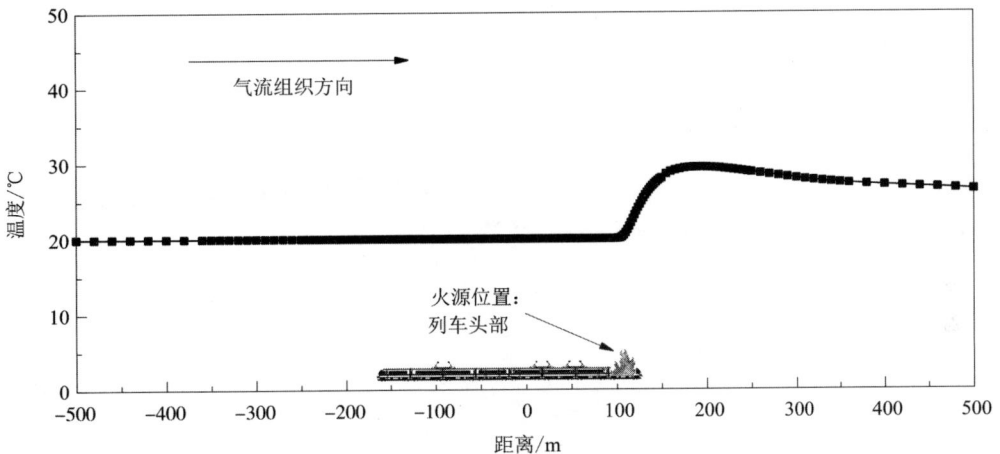

(b) 工况 J2

图 4-22　工况 J1、J2 下隧道拱顶下方温度变化图

（2）隧道内纵向流速分布

图 4-23 为火灾场景 J1 和 J2 下的隧道内纵向流速分布图。

由隧道内纵向流速分布图可知，不同通风排烟方案启动后，隧道内形成稳定流场，列车附近风速较高，这是因为列车附近发生了阻塞效应，局部断面变小，导致风速增高；列车头部和尾部风速会降低，这是因为风速在断面变化时，会在列车头部和尾部产生涡旋。对比火源位于不同位置的火灾，发现隧道内纵向流速分布规律相同。

(a) 工况 J1

(b) 工况 J2

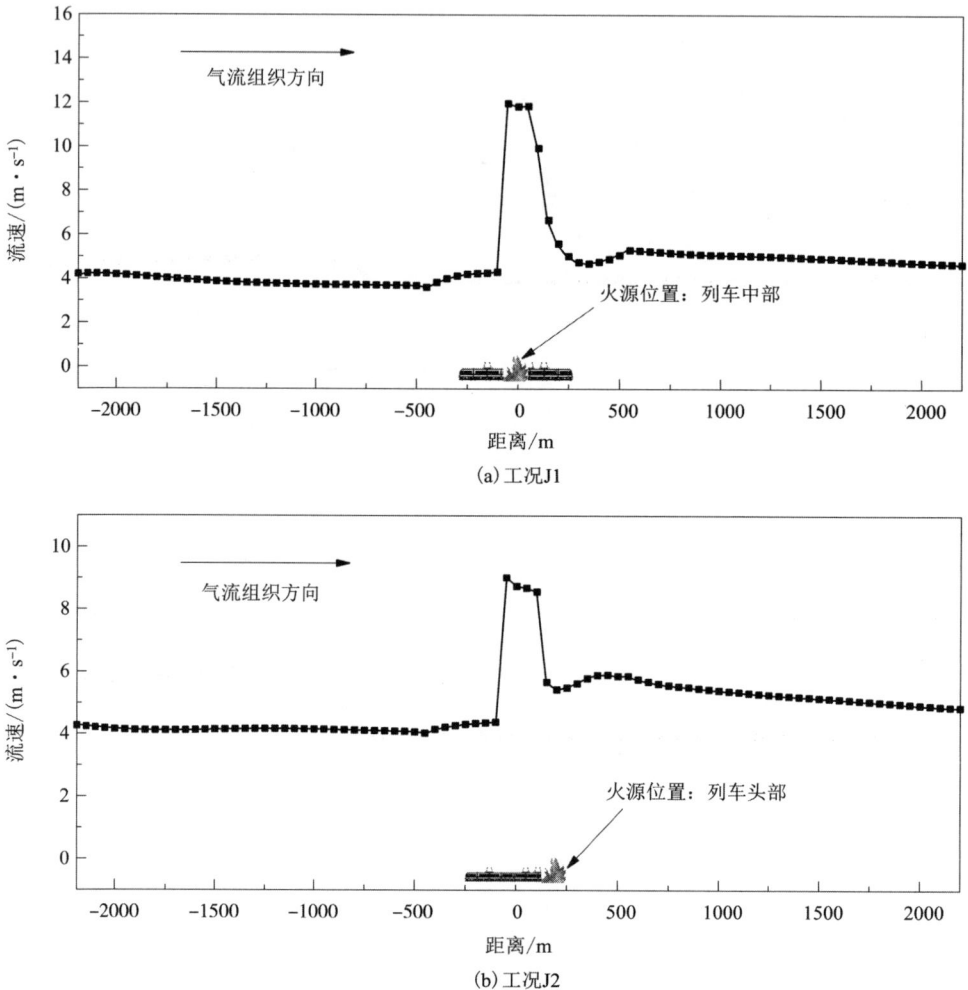

图 4-23 工况 J1、J2 下隧道内纵向流速分布

3. 列车顶部发生火灾

（1）隧道拱顶下方温度变化

图 4-24 为火灾场景 j1 和 j2 下的隧道拱顶下方温度变化图。

由不同排烟模式开启方案的隧道拱顶下方温度变化图可知，不同工况下隧道拱顶下方最高温度不同，纵向温度衰减规律趋势相同，但是衰减速度不同。在开启排烟模式后，工况 j1 下隧道拱顶温度最高为 150 ℃，工况 j2 下隧道拱顶温度最高为 140 ℃。由于火源位于列车顶部，隧道拱顶的温度相比火源位于列车内部时要高。对比不同火源位置的火灾发现，隧道拱顶下方温度变化规律基本相同。

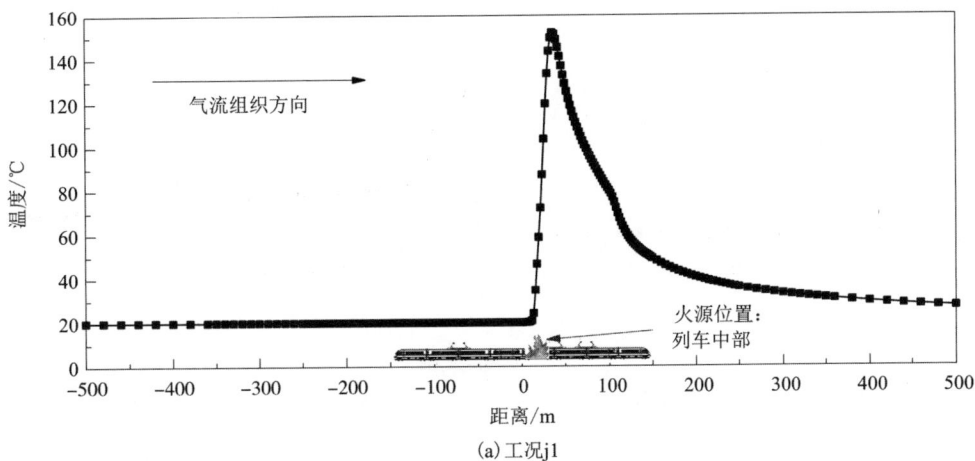

(a) 工况 j1

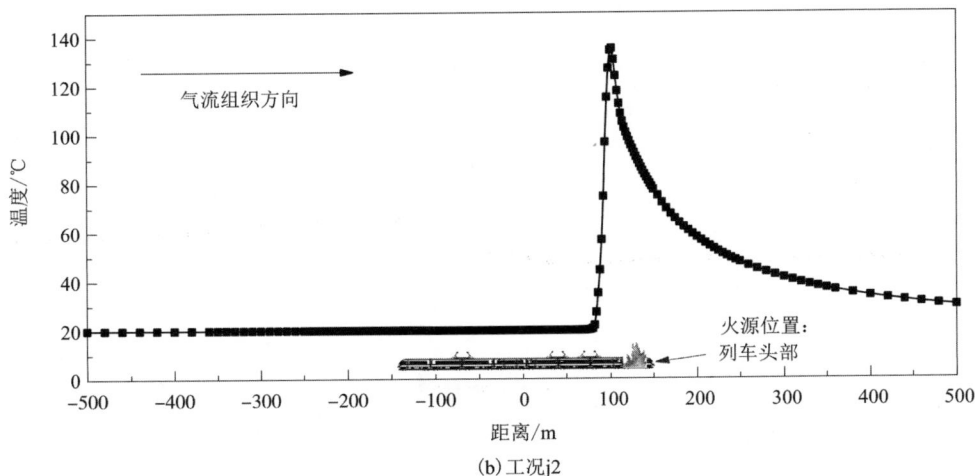

(b) 工况 j2

图 4-24　工况 j1、j2 下隧道拱顶下方温度变化图

（2）隧道内纵向流速分布

图 4-25 为火灾场景 j1 和 j2 下的隧道内纵向流速分布图。

由隧道内纵向流速分布图可知，不同通风排烟方案启动后，隧道内形成稳定流场，列车附近风速较高，这是因为列车附近发生了阻塞效应，局部断面变小，导致风速增高；列车头部和尾部风速会降低，这是因为风速在断面变化时，会在列车头部和尾部产生涡旋。对比火源位于不同位置的火灾，发现隧道内纵向流速分布规律相同。

(a) 工况 j1

(b) 工况 j2

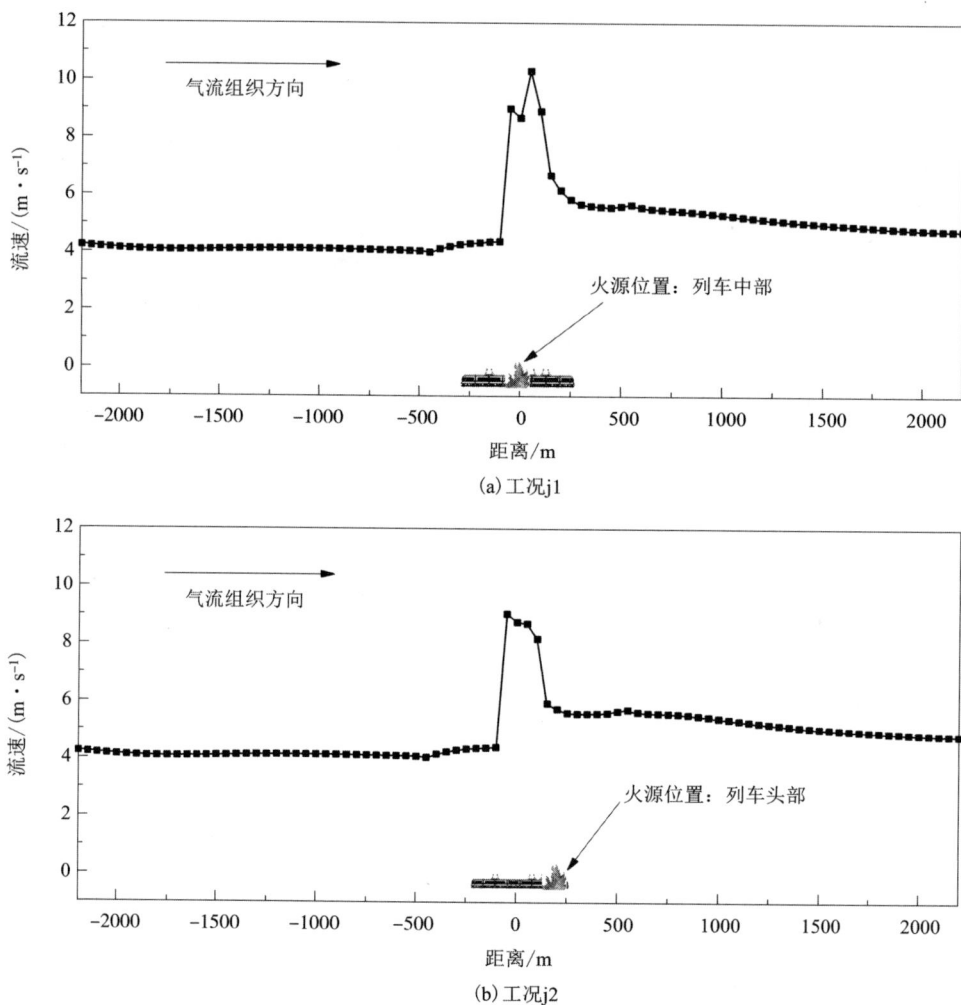

图 4-25   工况 j1、j2 下隧道内纵向流速分布

4.5   本章小结

①临界风速研究：由理论计算结果、数值模拟研究结果得到临界风速，考虑消防工程设计和一定的安全余量，确定长大区间隧道临界风速不小于 2 m/s。

②本研究设计的通风排烟方案能较好地控制隧道内温度，隧道内会形成稳定流场并且风速小于 11 m/s。

第 5 章

城市轨道交通长大区间火灾蔓延与
烟气控制缩尺寸模型试验方案研究

5.1　前言

　　试验研究是火灾科学研究中一种非常重要的研究方法，可以直接从中得到一些经验结论，同时可用于验证理论分析和数值模拟结果。一般来说，试验研究方法可以分为缩尺寸模型试验研究和全尺寸试验研究。

　　全尺寸火灾试验能代表真实的火灾场景，是隧道火灾研究最直接的方式。然而，全尺寸火灾试验成本高昂，试验可能对隧道结构造成损伤，试验条件难以保证。缩尺寸模型试验可通过对实际隧道结构进行简化，采用相似准则对全尺寸隧道进行缩放，模拟真实隧道火灾特点，试验条件变量易于控制，可得到较为准确的试验结果。

　　因此，本书采用缩尺寸模型试验研究方法。本章将介绍城市轨道交通长大区间火灾蔓延与烟气控制缩尺寸模型试验方案。

5.2　流体动力的近似模型研究

　　进行不等温受迫流体动力模型试验时，应保证单值条件相似，即应保证通道几何形状相似、出入口处流体速度分布相似及模型内各点流体的物理参数相似。此外，还应保证定性准则 Re、Fr 及 Pr 各自在数值上相等。全部实现上述条件是不现实的，只能根据具体情况分析哪些条件是次要的、不起决定性作用的，然后忽略它们或近似地加以保证，从而使模型研究成为可能或易于实现。

　　1) 黏性流体受迫运动场合下，黏滞力的雷诺准则 Re 是对流动状态起决定性作用的因素。

①Re 准则的这种决定性作用也只在一定的条件下才存在，而在另外条件下，它的作用将不明显，甚至消失。当 Re 数小于某一定值（称为"第一临界值"）后，流动呈层流状态。在层流状态范围内，流体的流动状态、流速分布皆彼此相似，与 Re 值不再有关。这种现象称为"自模性"。

②当 Re 数大于第一临界值时，流动呈紊流状态。在紊流状态范围内，随着 Re 值的增大，流体的紊乱程度及流速分布最初变化很大，但以后影响的程度逐渐降低。

③当 Re 数大于某一定值（称为"第二临界值"）后，这种影响几乎不再存在，流体的流动状态及流速分布不再变化，皆彼此相似，与 Re 值不再有关。流体的流动又进入自模状态。

通常将 Re 数小于第一临界值的范围叫作"第一自模化区"，而将 Re 数大于第二临界值的范围叫作"第二自模化区"。模型中的 Re 值与实物中的 Re 值应该尽可能保证相等。

当实物的 Re 数处于自模化区以内，则模型的 Re 数就不必一定要与实物的 Re 数保证相等，只要与实物处于同一自模化区就可以了。这将给试验带来很大方便，当实物的 Re 数很大，远大于第二临界值时，模型的 Re 数稍大于第二临界值即可。

试验表明，通道形状越复杂，通道内被其他物件填充的程度越大，进入第二自模化区越早，即 Re 数的第二临界值越小。进入第二自模化区以后，流动阻力系数不再变化，为定数，这可作为进入自模化区的标志。

2）考虑重力的弗劳德准则 Fr，在自由运动场合下，对流动状态起决定性作用，因此，在这种情况下，必须保证模型的 Fr 值与实物中的相等。但在一般受迫运动条件下，自由运动的因素影响不大，则 Fr 准则就可以不予考虑。而 Re 准则，在自由运动场合下，也可不予考虑。

3）考虑温度场的柏朗特准则 Pr，对于气体来说，当原子数目相同时，Pr 值几乎相等，而且很少受温度影响。用冷空气模拟不等温的热烟气，Pr 值将自行相等，因为空气主要由双原子气体组成，而烟气的大部分成分也是双原子气体，尽管有一部分为三原子气体，但三原子气体的 Pr 数与双原子气体的相差又不大。若用水模拟不等温的热烟气，Pr 值的相等是难以实现的，但 Pr 准则对于流体流动来说，不起大的影响作用，因而不保证 Pr 值相等，仍能得到较好的结果。但对于对流换热来说，考虑温度场的 Pr 值是不可不予考虑的。

4）通道几何形状的相似（包括表面粗糙度的相似），完全保证也是不易实现的。通道的表面状态仅对其附近流体的流动状态、流速分布起明显的影响作用，根据黏性流体所具备的"稳定性"，它对离开表面一定距离的流动状态、流速分布将不起影响作用，故通道的表面状态一般不必保证相似。而通道总的形状对流动状态、流速分布起明显影响作用，且也不难实现，应予以保证。

5) 入口速度分布的相似，一般无须专门保证。试验表明，当黏性流体在管道中流动时，不管入口处速度分布如何，经一定距离后，速度分布皆趋于一致。这是黏性流体所具有的一种特性，称为"稳定性"。由于此种"稳定性"，有可能在进行空气动力模型试验时，不必采取措施保证入口处速度分布的相似，一般是保证入口通道几何相似就可以了。同样，出口速度分布的相似也无须专门保证，只保证出口几何形状相似即可。

6) 模型内各点流体的物理参数做到相似，在流体温度不均的情况下，是难以实现的。一般进行模型研究时，皆用等温的空气或水来模拟不等温的热烟气。此时，对通过模型所得的准则关系式及流速分布情况均应做必要的修正。用等温（如冷态）的水或空气来模拟烟气流动时，为保证沿流体行程各截面的 Re 数与实物的相等，模型各截面的流量将不相等，但由于前述的"自模性"，只要设备实物各截面的 Re 数均大于第二临界值即可，则模型各截面的流量就可以一样，使冷态模型试验完全可行。

综上所述，在流体做不等温受迫运动且 Re 数大于第二临界值的情况下（这正是一般热力设备的实际情况），模型中用等温（如冷态）的气体或液体并保证模型通道的几何形状与实物的相似以及对应截面的流速使 Re 数皆大于第二临界值，就可做到流动情况的近似相似了。

5.3　模型试验相似原理分析

为保证模型与原型完全相似，应确保模型隧道与实体隧道所有的已定准则相同。但在隧道模型简化及建立过程中也难以保证所有相似准则都得到满足，同时在简化过程中也没有必要保证所有的相似准则，因此在实际建模过程中一般保留对隧道火灾发展影响较大或者起决定性作用的准则，忽略对隧道火灾和烟气蔓延影响较小的相似准则。

本书主要研究的是火灾中的热驱动流动问题，与之密切相关的相似性模拟为 Froude 相似性模拟，Froude 模拟主要适用于热驱动的流动问题（特别是火灾中的流动问题）。因此，本研究选取 Froude 模拟准则数作为研究基础。常见的 Froude 相似准则见表 5-1。

表 5-1　常见的 Froude 相似准则

参数	单位	相似准则
尺度	m	$x_m/x_p = L_m/L_p$
温度	K	$T_m/T_p = 1$
时间	s	$t_m/t_p = (L_m/L_p)^{1/2}$
速度	m/s	$v_m/v_p = (L_m/L_p)^{1/2}$
火源热释放速率	kW	$\dot{Q}_m/\dot{Q}_p = (L_m/L_p)^{5/2}$
流量	m^{-3}/s	$V_m/V_p = (L_m/L_p)^{5/2}$
压力	Pa	$p_m/p_p = L_m/L_p$
质量	kg	$m_m/m_p = (L_m/L_p)^3$

5.4　试验模型系统设计方案

1. 试验相似比的确定

根据 Froude 模拟原理，要求模型隧道与实体隧道中流体流动雷诺数（Re数）必须处于湍流自模拟区以达到流动相似。模型与实体中 Re 数的关系为：

$$\frac{Re_m}{Re_f} = \frac{u_m d_m}{u_f d_f} = \left(\frac{d_m}{d_f}\right)^{\frac{3}{2}} \qquad (5-1)$$

式中：Re_m 和 Re_f——模型流动和实体流动的雷诺数。

由此可知，模型试验的雷诺数远小于实体试验的雷诺数，并且二者的比值取决于长度比例尺。

本研究调研了临界雷诺数的选取标准，具体统计如表 5-2 所示。

表 5-2　临界雷诺数选取调研统计表

调研内容	临界雷诺数
《计算流体动力学分析》	8000
《湍流理论与模拟》	12000
《流体力学泵与风机》	50000
《公路隧道火灾烟雾控制》	100000

　　在模型设计的过程中,保证弗劳德数(Fr 数)与雷诺数(Re 数)同时相等的难度较大。一方面,Fr 数表征着惯性力与重力之比的度量,是影响冷热烟气分层界面上下传热、传质的中烟参数;另一方面,火灾引起的烟气流动,可以看作是浮力引起的自然对流,只要保证足够大的雷诺数 Re 即可。当雷诺数达到第二临界雷诺数后,烟气处于充分紊流状态,流动就处于自模拟区,无须保持模型与原型的雷诺数相等。

　　考虑 Fr 数和 Re 数对热驱动烟气流动起着至关重要的作用,因此在几何与边界条件相似的前提下,首先保证 Fr 数相似,然后保证模型流动进入充分发展的湍流阶段,通过文献中的结果和莫迪图中的规定,综合考虑本书中隧道断面尺寸、区间隧道长度等几何因素,确定第二临界雷诺数为 50000。

　　对于实体隧道行车道内的烟气流动,由于流动为燃烧热驱动产生,因此取特征值为羽流流速:

$$u_p = 1.9\dot{Q}_c^{1/5} \tag{5-2}$$

　　隧道火灾规模为 10.5 MW 时,考虑隧道内羽流模型中辐射热损失,令 $\dot{Q}_c$ 修正为 $0.7\dot{Q}_c$。

　　故实体隧道和物理模型的雷诺数如下:

$$Re = \frac{u_p d_p}{v} = \left[\frac{1.9 \times (10000 \times 0.7)^{\frac{1}{5}} \times 7.08}{1.9 \times 10^{-5}} \right] = 49.71 \times 10^6 \tag{5-3}$$

　　根据相似性原理可知:

$$\frac{u_m}{u_p} = \sqrt{\frac{d_m}{d_p}} \tag{5-4}$$

　　因此,最小的尺寸比例要求为:

$$\frac{u_m d_m}{v} = \frac{u_p \cdot \dfrac{u_m}{u_p} \cdot d_p \cdot \dfrac{d_m}{d_p}}{v} = \frac{u_p d_p \cdot \sqrt[\frac{3}{2}]{\dfrac{d_m}{d_p}}}{v} > 50000 \tag{5-5}$$

　　综合考虑该物理模型建立的难易程度及造价,最终选取模型比例为 1:15。

2. 隧道模型尺寸的确定

　　根据工程实际,风井间距或者风井到车站的距离平均为 4.5~5.5 km,根据前文理论分析,从试验条件、可行性和可操作性方面综合考虑,取 1:15 作为试验比例,隧道模型长 400 m。

　　对于隧道这种长细比较大的结构,同时保证空间充足和经济节约的难度大,根据等效摩阻理论,在适当部位安装阻力格栅代替相应长度的模型,最终隧道模型长度为 50 m。阻力格栅使风流产生局部损失,隧道正常通风段风流稳定,所以阻力格栅不会影响试验系统整体的相似性。

为减小阻力格栅对后续试验的影响,通过计算分析确定隧道模型中阻力格栅为 6 个。

模型长度为 50 m,每个阻力格栅的等效长度为 $L_m=(400-50)/6=58$ m。

单个阻力格栅的损失系数 $\xi=\lambda\dfrac{L_m}{D}=0.025\times\dfrac{58}{0.473}=3$,根据《公路隧道通风设计细则》(JTG/T D70/2-02—2014)中的表 C.0.3-4,可知格栅的过风面积与隧道断面积的比为 0.4。

阻力格栅之间直接相连,可能使局部阻力损失大幅增加或减少,变化范围为单个阻力格栅总和的 0.5~3 倍。因此格栅间距不应小于 3D(D 为当量直径),据此设定格栅距离为 1.5 m。格栅尺寸及安装位置如图 5-1 所示。模型示意图如图 5-2 所示。

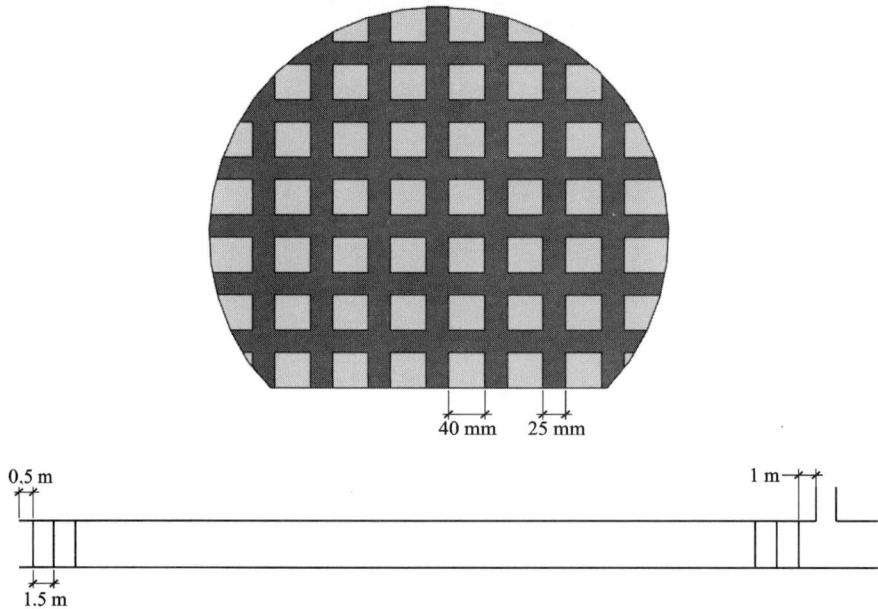

图 5-1　格栅布置示意图

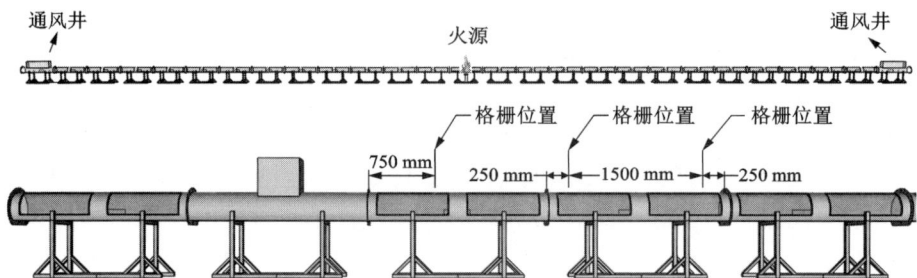

图 5-2　物理试验模型示意图

3. 隧道模型材料的确定

出于试验对高温的要求,隧道模型将采用厚 0.3 mm 的不锈钢材料进行制作。根据《公路隧道通风设计细则》(JTG/T D70/2-02—2014)附录 A 中的内容,实体隧道内壁平均壁面粗糙度 Δ 为 0.3~9.0 mm;而模型选用的钢板壁面平均壁面粗糙度约为 0.15 mm(引自全国通用通风管道计算表)。在 1:15 比例下,以隧道模型特征速度 1 m/s、当量直径为 0.35 m 获得的模型隧道和实体隧道的雷诺数分别为 2.2266×10^4 和 1.9907×10^6,查莫迪图可知,模型隧道沿程摩阻系数约为 0.018,实体隧道沿程摩阻系数介于 0.016 和 0.021。在实体隧道摩阻系数范围之内,可见模型隧道与实体隧道的摩阻系数可以得到守恒。

隧道火灾中的壁面传热过程包括热传导、对流和辐射。火灾中的传热过程非常复杂,尤其是壁面与空气间的对流和辐射传热过程,其不仅与壁面附近流动状况、流体温度等流动参数有关,而且还在很大程度上受隧道壁面材料的物理参数(密度、比热、辐射率、导热系数等)的影响。在缩尺寸模型试验中,若要求导热、对流和辐射传热均相似,实际上是难以做到的。Froude 模拟本身也是一种近似模拟方法,在保证一些关键性无量纲数守恒后,对于其他影响程度较低的相似准则数,则可以不要求严格地守恒。在本研究所进行的试验中,多数工况采用强制通风的方法,在保证相似准则数 Fr 守恒以及雷诺数足够大(处于湍流区,壁面摩阻系数守恒)的条件满足后,关于传热的相似准则数并非决定性准则数。

4. 隧道模型的构成

隧道模型由多个分节组合拼装而成,每个分节长 2 m,共 25 节,其中 2 节为竖井节段,模型总长 50 m,另附加 2 节备用。为了观测隧道中的火灾特性及烟气流动特性,在隧道模型的侧面开两扇长 800 mm、弧长对应角度 90° 的玻璃窗,底部平面中心处开一个半径 25 mm 的圆,另一侧设置长 300 mm、高度为 173 mm 的弧面开口。模型示意图如图 5-3 所示,模型实物如图 5-4 所示。

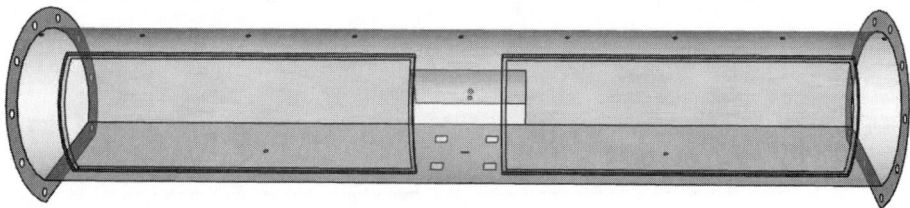

(a) 模型节段示意图

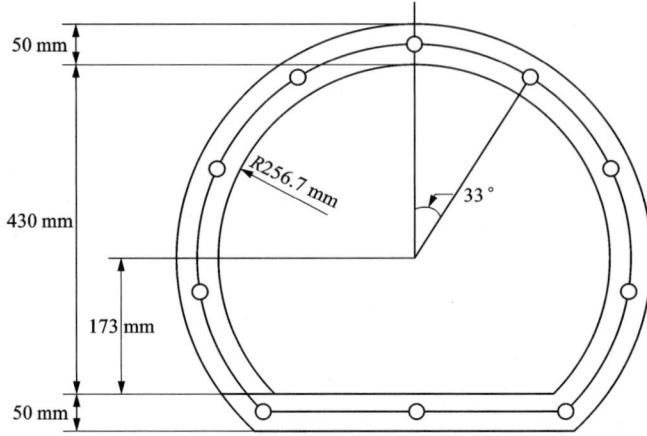

(b) 接口示意图

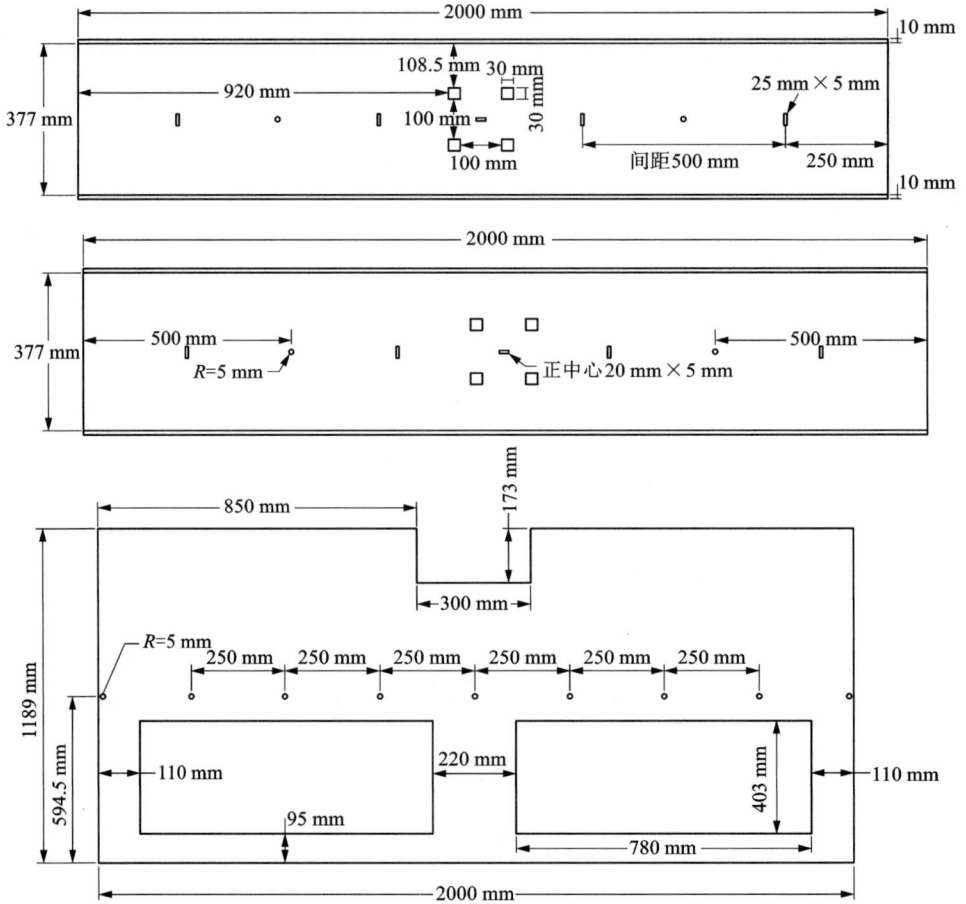

(c) 底部开口图、侧面展开图

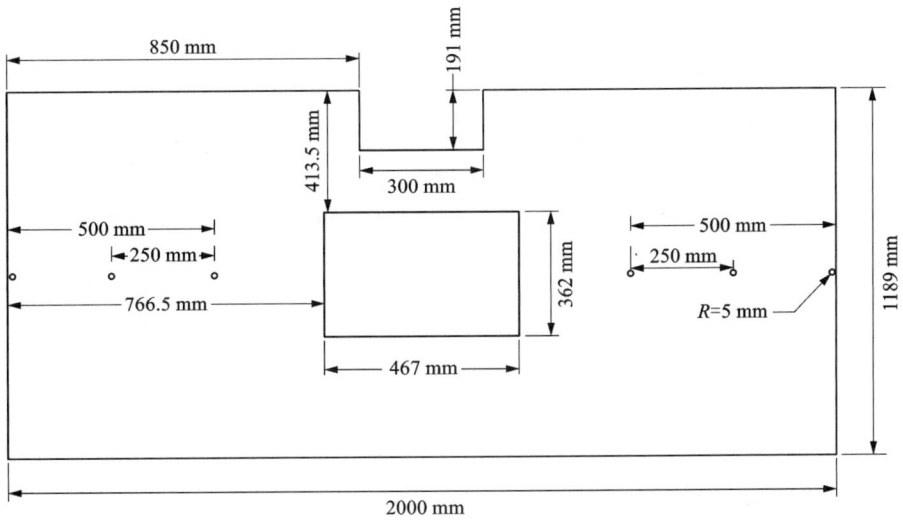

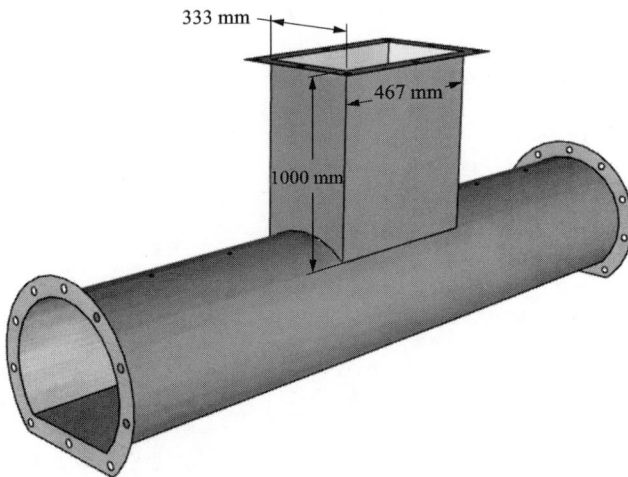

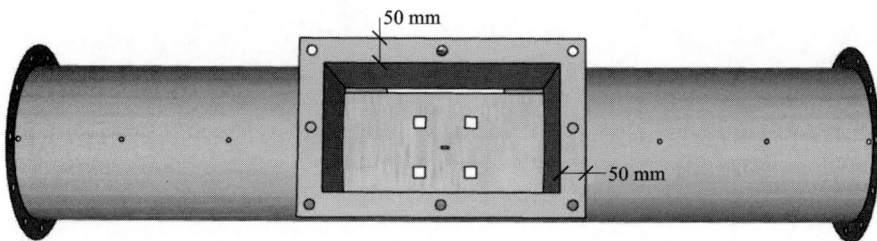

(d) 风塔尺寸图

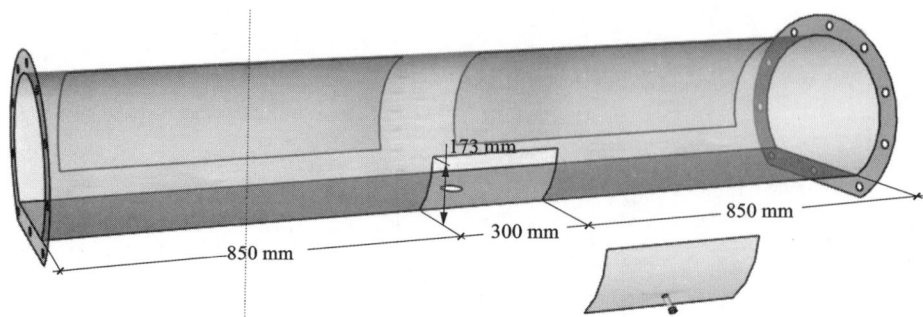

(e) 侧边开口示意图

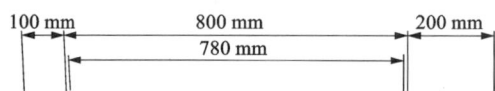

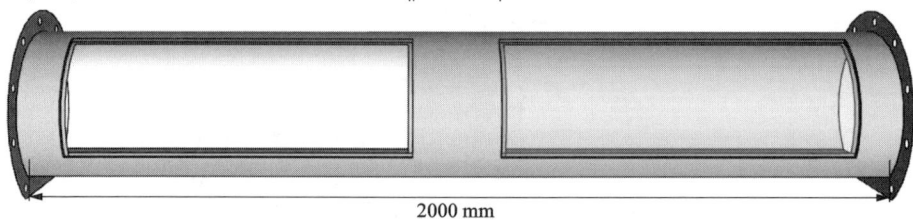

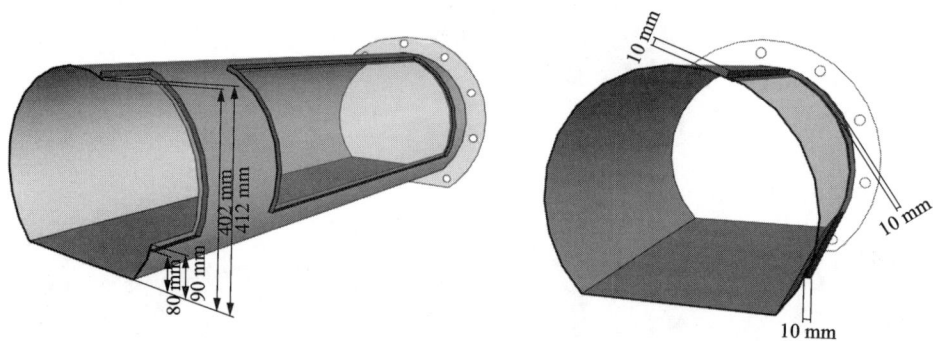

(f) 玻璃窗开口尺寸图

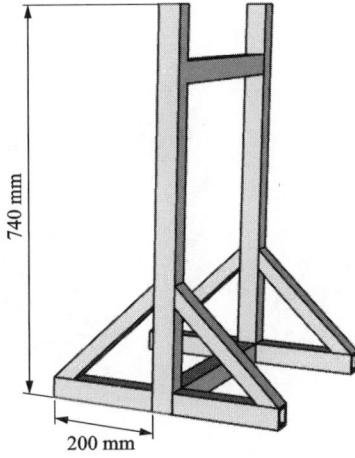

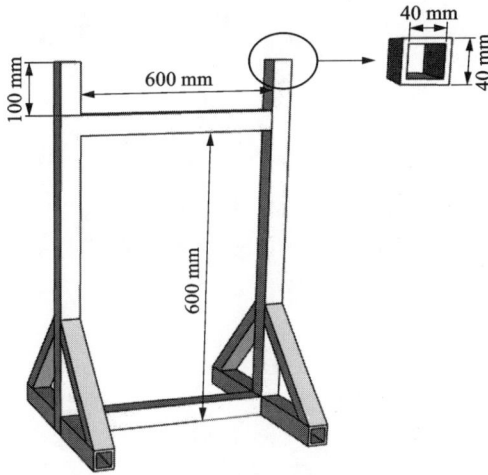

(g) 架子说明图

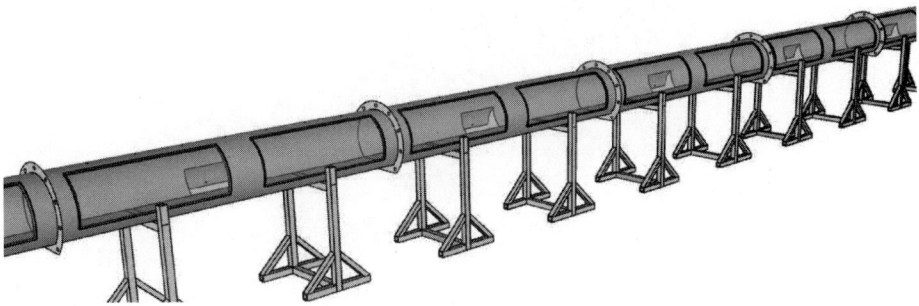

(h) 模型整体示意图

图 5-3　隧道模型示意图

(a) 阻力格栅

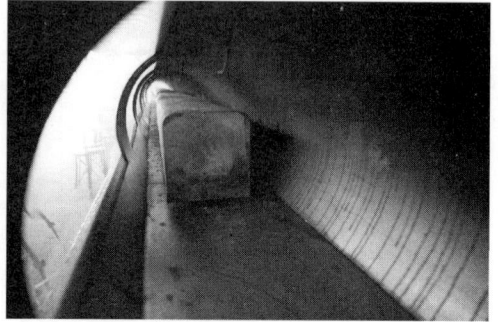

(b) 列车布置

(c) 局部模型一

(d) 局部模型二

(e) 模型整体

图 5-4　模型实物图

5.5　燃烧系统设计方案

模型隧道中火灾规模与实体隧道中火灾规模比例可由 Froude 相似原理获得：

$$\frac{\dot{Q}_{m}}{\dot{Q}_{p}} = \left(\frac{L_{m}}{L_{p}}\right)^{5/2} \tag{5-6}$$

烟气产生率比例可通过羽流质量流率表达式获得：

$$\frac{\dot{m}_{pm}}{\dot{m}_{pp}} = \left(\frac{d_{m}}{d_{r}}\right)^{5/2} \tag{5-7}$$

在模型隧道中采用油池火源方案对实体隧道火灾的火源进行模拟。在燃料盘下方放置称重天平，测量燃料的质量随时间的变化关系，将燃料的质量损失速率与燃料热值相乘获得火灾规模，通过改变燃料盘面积调节火灾规模的大小。燃料采用无水乙醇(添加发烟材料)。

在 1:15 尺寸比例下，实际隧道的 10.5 MW 火源对应模型隧道的火灾规模为 12.05 kW。模型试验中采用乙醇作为燃料，查阅液体可燃物火灾时单位面积上的质量损失速率和热释放速率相关资料，得知乙醇单位面积上的热释放速率为 419 kW/m²，火灾规模 12.05 kW 对应所需油盆面积为 0.029 m²，即采用 17 cm× 17 cm×5 cm 的方形油盆。

为方便对隧道内烟气蔓延的范围进行分析研究，试验过程中实时采集隧道顶板下方的温度测点数据，通过对隧道模型内的纵向温度分布进行分析，根据判定依据得出烟气蔓延及分布规律，并依次推断隧道内的实际烟雾蔓延情况。通过油盘模拟列车火灾，如图 5-5 所示。模型实物如图 5-6 所示。

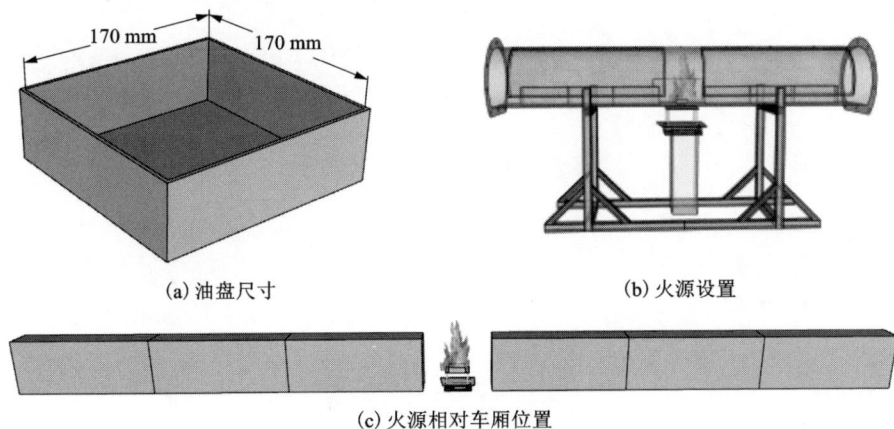

(a) 油盘尺寸　　　　　　　　　　　(b) 火源设置

(c) 火源相对车厢位置

图 5-5　火源模拟图

(a) 列车火灾状态一　　　　　　　　　　　(b) 列车火灾状态二

图 5-6　列车火灾模型实物图

5.6　发烟装置

采用烟饼发烟方式，烟饼直径为 7 cm，厚度为 2 cm，单个烟饼发烟时间可达 2 min。烟饼及其发烟如图 5-7 所示。

(a) 烟饼实物　　　　　　　　　　　(b) 烟饼发烟

图 5-7　烟饼实物图与发烟图

5.7　动力系统

模型隧道中流量与实体隧道中流量的比例可由 Froude 相似原理获得：

$$\frac{V_{m}}{V_{p}} = \left(\frac{L_{m}}{L_{p}}\right)^{5/2} \tag{5-8}$$

模型隧道中风速与实体隧道中风速的比例可由 Froude 相似原理获得：

$$\frac{v_{\mathrm{m}}}{v_{\mathrm{p}}}=\left(\frac{L_{\mathrm{m}}}{L_{\mathrm{p}}}\right)^{1/2} \tag{5-9}$$

在 1∶15 尺寸比例下，为模拟实际地铁区间的通风排烟工况，左侧风机风速选择为 0.5 m/s、1.0 m/s、1.5 m/s、2.0 m/s、2.5 m/s、3.0 m/s、3.5 m/s、4.0 m/s；右侧风机模拟不同功率下的排烟量，分别为 0.057 m³/s、0.115 m³/s、0.172 m³/s、0.230 m³/s，对应风速为 0.092 m/s、0.185 m/s、0.0.277 m/s、0.370 m/s，如表 5-3 所示。

表 5-3　纵向风速与排烟量

纵向风速/(m·s⁻¹)		排烟量/(m³·s⁻¹)	
实体隧道	模型隧道	实体隧道	模型隧道
0.0	0.00	0	0.000
1.0	0.26	50	0.057
2.0	0.52	100	0.115
3.0	0.77	150	0.172
4.0	1.03	200	0.230

风机如图 5-8 所示。

(a) 射流风机，纵向通风　　(b) 离心风机，通风井排烟

图 5-8　风机示意图

模型实物图如图 5-9 所示。

(a) 轴流风机　　　　　　　　　(b) 离心风机

(c) 变频器

图 5-9　模型风机布置实物图

5.8　测点布置

5.8.1　温度测点布置

模型隧道拱顶下方每隔 0.25 m 布置 1 个热电偶，共布置 217 个。

模型隧道每 5 m 布置 1 个测温截面，共有 11 个测温截面，每个截面布置 5 个热电偶。温度测量截面布点如图 5-10 所示。

在各测速点处(测速点布置见传感器布置)设置热电偶，测量当前点的气体温度以获得流速数据。整个隧道的温度测点分布图如图 5-11 所示。

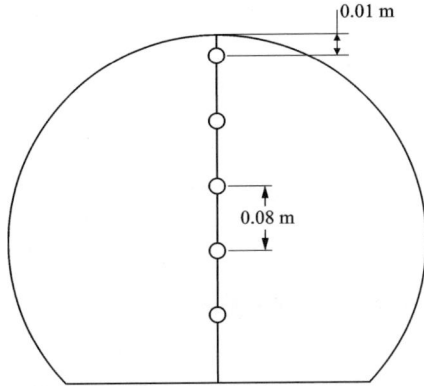

图 5-10　模型试验隧道截面温度布点图

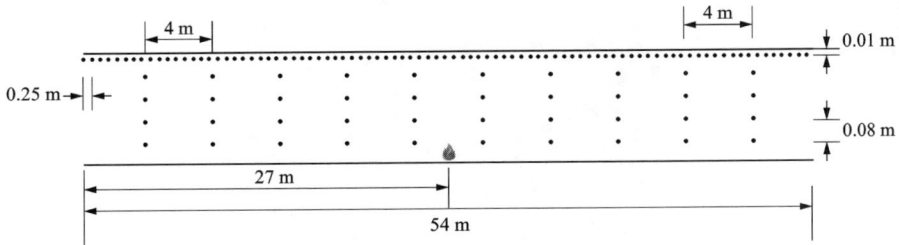

图 5-11　模型试验隧道温度布点图

5.8.2　流速测点布置

隧道每 2 m 布置 1 个测速截面，每个截面上有两个测速点，隧道共有 27 个测速截面，具体布置如图 5-12 所示。模型试验隧道测速点布置图如图 5-13 所示。模型实物图如图 5-14 所示。

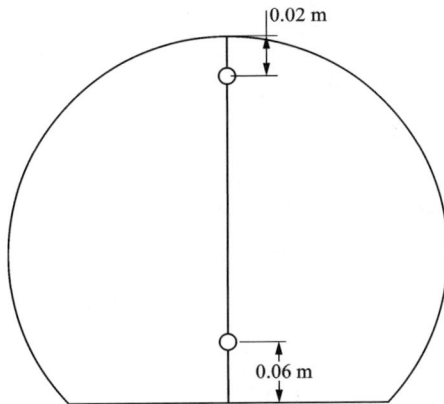

图 5-12　模型试验隧道截面流速传感器布置图

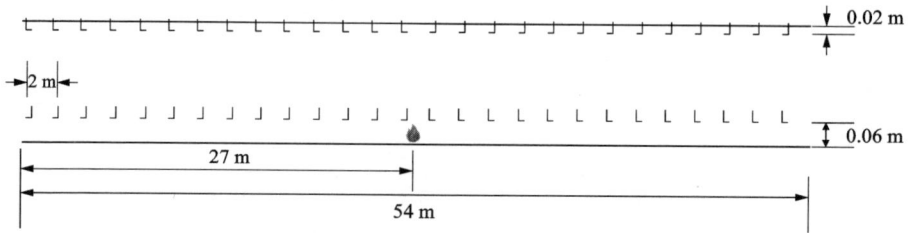

图 5-13　模型试验隧道测速点布置图

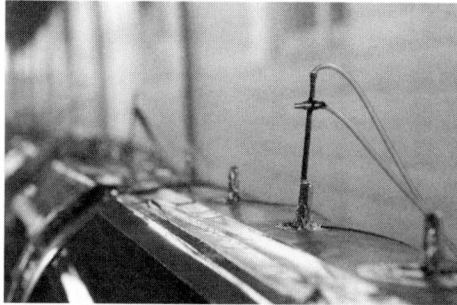

图 5-14　模型流速测点布置实物图

5.9　数据采集系统

5.9.1　温度采集子系统

目前，在试验中普遍使用且技术相对较成熟、系统搭建较简单的是一种温度数据采集系统，采用 K 型热电偶采集电势差，所得到的电压模拟量经过数据采集模块转换成符合 RS485 协议标准的数字信号，再通过一定的串行协议转换模块，将 RS485 协议数字信号转换成 RS232 协议的数字信号，最后通过温度数据采集程序实现对温度信号的采集、读取和显示等处理。

目前比较普遍的是采用 K 型热电偶进行温度采集，当两种不同金属接触时，在两接触点上因温差而产生温差电势，此现象称为温差电效应或塞贝克效应。以温差电效应为工作原理而制成的感温元件，称为热电偶。热电偶的实际使用温度范围与制造热电偶的热电偶丝材料和线径的大小有关，线径粗则使用温度高，线径细则使用温度低。

热电偶的输入量是温差，输出量是热电势，为有源量。热电势是温差的函数，而且与热电偶的制造材料有关。若设温差为 θ，则热电偶方程可用多项式表达：

$$E(\theta) = a_0 + a_1\theta + a_2\theta^2 + \cdots + a_n\theta^n \tag{5-10}$$

式中，温差 θ 是热电偶一端(冷端)温度为 0 ℃ 时另一端(热端)的温度值。系数 a_0，a_1，a_2，…，a_n 称为热电偶常数，与热电偶制造材料有关，可通过若干标准温度下的实测确定。

由于热电势是温差的函数，因此若要使之成为温度的单值函数，就必须使热电偶的冷端置于恒温之下，一般温度为 0 ℃，称为热电偶的冷端补偿问题。用电子线路方法实现热电偶冷端补偿，是在热电偶冷端加一等效电势，此等效电势等于热电偶冷端所处温度与室温之间的温差电势。热电偶热电势−温度关系可采用最小二乘法和函数链神经网络来拟合。

该模型试验的温度采集系统采用多路温度巡检仪(见图 5-15)，该套系统可以实现隧道内温度的实时采集、存储；多路温度巡检仪逐一巡回处理多路输入信号，输入信号越多，巡回 1 周的时间越长，因而其适合应用于信号点多，但变化不是很快或者响应速度要求不高的场合。

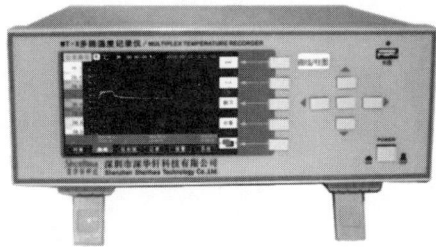

图 5-15　多路温度巡检仪

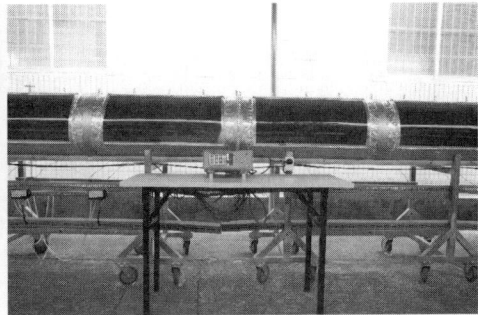

温度采集系统如图 5-16 所示，本试验采用的是 SH−X 多路温度巡检仪，信号输入通道最多可配置 12 路热电偶，可接 K、J、T 三种型号热电偶。仪器具体参数如下：

①测温范围：−100~1370 ℃。

②接 K 型热电偶测量精度：±0.5~±0.6 ℃。

③记录间隔：1~9999 s 可任意设置。

(a) 多路温度巡检仪　　　　　　　(b) 温度采集系统连接

图 5-16　温度采集系统实物图

5.9.2 流速采集子系统

一元流动是指流场中的各物理量只沿流线方向发生变化的流动。一元流动的速度测量最常用的是皮托管。皮托管测量速度的原理是基于伯努利定理，利用流体压力分布推算流体速度。在未经扰动的来流流线上，具有速度 ω_∞、静压 P_∞ 和密度 ρ_∞。当它们遇到非流线型物体时，表面上每一点的速度、压力和密度均发生变化。在第一根流线上，任一点处的速度为 w，压力为 P，密度为 ρ，则伯努利方程式为：

$$\frac{\rho_\infty w_\infty^2}{2}+P_\infty =\frac{\rho w^2}{2}+P \tag{5-11}$$

在第 2 根流线的 O 点处，流线正对流体的轴线，动能全部消失，速度为零，称该点为驻点，这时的伯努利方程为：

$$\frac{\rho_\infty w_\infty^2}{2}+P_\infty =P_0 \tag{5-12}$$

全压 P_0 等于来流的动压和静压之和。如果流线 1、流线 2 具有相同的能级，则：

$$P_0 =\frac{\rho w^2}{2}+P \tag{5-13}$$

被测点速度 w 为：

$$w =\sqrt{\frac{2}{\rho}(P_0-P)} \tag{5-14}$$

式中，ρ 与绝压和温度相关：

$$\rho=\rho_N \cdot \frac{T_N}{T} \cdot \frac{P_0}{P_N} \tag{5-15}$$

式中：ρ_N——标准密度；

T——当前温度；

T_N——273.15 K；

P_0——当前绝压；

P_N——101.3 kPa。

所以，需要测试温度、差压和绝压三种参数，温度可在温度采集系统中测量，以作为本项辅助测试参数。

在该隧道试验过程中，为了便于隧道内所需测试温度、差压和绝压数据的实时采

图5-17 Alpha model 162 微差压传感器

集，本系统采用了由 PC、微差压传感器、皮托管、软管、电压采集仪等设施组成的流速采集系统，采集系统中各试验设备及安装如图5-17、图5-18、图5-19所示。

皮托管的全压与静压的差值是通过微差压传感器进行采集的，本试验过程中采用了两种量程的微差压传感器，分别为 DLK301 微差压传感器和 Alpha model 162 微差压传感器。这两种传感器的参数如下：

①量程：Alpha model 162 传感器量程为 0~25 Pa，DLK301 微差压传感器量程为 0~50 Pa；

②精度：±1%FS；

③塔头：$\phi 8$ mm

④工作温度：−5~85 ℃。

图 5-18　微差压传感器与皮托管安装示意图

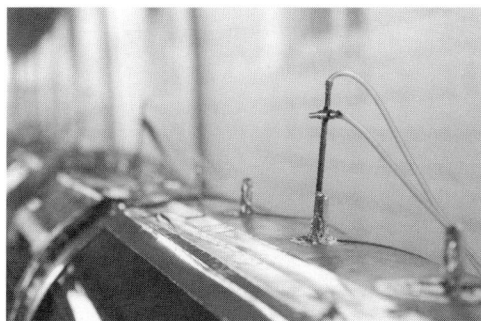

(a) 皮托管

(b) 微差压传感器

(c) 数据采集平台

图 5-19　流速采集系统实物图

5.10 本章小结

①从试验条件、可行性和可操作性方面综合考虑，取 1 : 15 作为试验比例，隧道模型长度为 50 m，由多个分节组合拼装而成，每个分节长 2 m，共 25 节。隧道模型将采用 0.3 mm 厚的不锈钢材料进行制作。

②火灾规模 12.05 kW 对应所需油盆面积为 0.029 m^2，即采用 17 cm×17 cm×5 cm 的方形油盆。

③左侧风机风速选择为 0.5 m/s、1.0 m/s、1.5 m/s、2.0 m/s、2.5 m/s、3.0 m/s、3.5 m/s、4.0 m/s；右侧风机模拟不同功率下的排烟量，分别为 0.057 m^3/s、0.115 m^3/s、0.172 m^3/s、0.230 m^3/s，对应风速为 0.092 m/s、0.185 m/s、0.0.277 m/s、0.370 m/s。

④隧道拱顶下方每隔 0.25 m 布置 1 个热电偶，共布置 217 个；隧道每 5 m 布置 1 个测温截面，共有 11 个测温截面，每个截面布置 5 个热电偶。隧道每 2 m 布置 1 个测速截面，每个截面上有两个测速点，隧道共有 27 个测速截面。

⑤该模型试验的温度采集系统采用多路温度巡检仪，此系统采用了由 PC、微差压传感器、皮托管、软管、电压采集仪等设施组成的流速采集系统。

第 6 章

城市轨道交通长大区间火灾蔓延与
烟气控制缩尺寸模型试验结果分析

6.1　前言

本章根据城市轨道交通长大区间火灾蔓延与烟气控制缩尺寸模型试验方案搭建了 1∶15 缩尺寸模型试验平台，利用试验平台开展了相关火灾试验，试验结果可验证数值模拟的准确性，为选取城市轨道交通长大区间通风排烟系统关键设计参数和制定火灾烟气控制方案进一步提供依据。

本章将利用搭建的城市轨道交通长大区间火灾蔓延与烟气控制缩尺寸模型试验平台展开研究。

6.2　模型试验与数值模拟验证

对于通风排烟系统关键设计参数的研究，本章采用数值模拟和缩尺寸试验相结合的方法。FDS 模拟结果受网格数量、边界条件的影响，为验证数值模拟结果的可靠性，将模型试验数据和数值模拟数据进行对比分析。对火灾发生在中间车厢内部和顶部时的场景展开对比，顶棚下方温度变化如图 6-1 所示。

从图中可看出，对于内部火灾，模型试验下的顶棚下方最高温度为 200 ℃左右，数值模拟下的顶棚下方最高温度为 300 ℃左右；对于顶部火灾，模型试验下的顶棚下方最高温度为 540 ℃左右，数值模拟下的顶棚下方最高温度为 600 ℃左右。内部火灾模型试验和数值模拟的最高温度相差较大，可能是因为模型试验受外界环境影响较大，而数值模拟的结果则为较为理想化的结果。此外，还能看出模型试验和数值模拟下的顶棚下方温度随距离衰减的规律相似，在火源附近温度最高，随着距离的增加，温度逐渐降低。

由模型试验和数值模拟下的顶棚下方温度的对比，可以看出数值模拟的数据具有较高的可靠性。

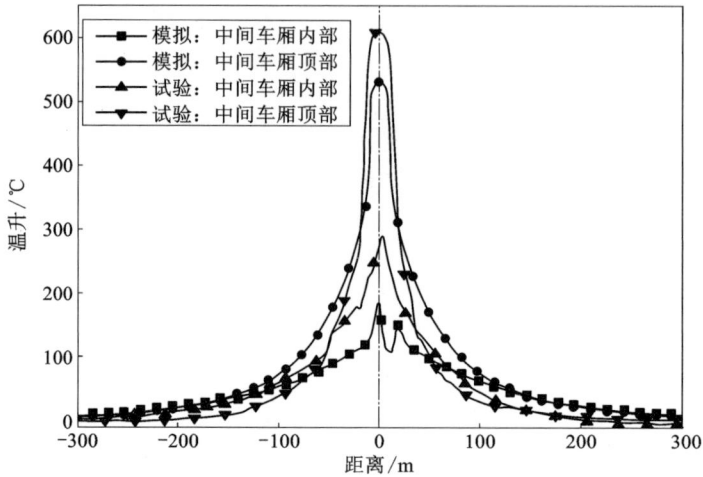

图 6-1 模型试验与数值模拟下的顶棚下方温度变化对比图

6.3 工况设置

同一区间内,左线的车头火灾和右线的车尾火灾通风排烟方案相同(左线的车尾火灾与右线的车头火灾通风方案相同)。

分别对火灾场景 F、H、J 展开试验,试验工况如表 6-1 至表 6-3 所示。

表 6-1 场景 F 试验工况

火灾场景	火源位置	A 站送风	1 号风井排烟	工况编号
场景 F	1(8 号车厢)	8 射+2 隧	2 隧	F01
		4 射+2 隧	2 隧	F02
		4 射+1 隧	2 隧	F03
		8 射+1 隧	2 隧	F04
		8 射+2 隧	1 隧	F05
	2(7 号车厢)	8 射+2 隧	2 隧	F06
		4 射+2 隧	2 隧	F07
		4 射+1 隧	2 隧	F08
		8 射+1 隧	2 隧	F09
		8 射+2 隧	1 隧	F10

续表6-1

火灾场景	火源位置	A 站送风	1 号风井排烟	工况编号
场景 F	3(6 号车厢)	8 射+2 隧	2 隧	F11
		4 射+2 隧	2 隧	F12
		4 射+1 隧	2 隧	F13
		8 射+1 隧	2 隧	F14
		8 射+2 隧	1 隧	F15
	4(5 号车厢)	8 射+2 隧	2 隧	F16
		4 射+2 隧	2 隧	F17
		4 射+1 隧	2 隧	F18
		8 射+1 隧	2 隧	F19
		8 射+2 隧	1 隧	F20

表 6-2　场景 H 试验工况

火灾场景	火源位置	2 号风井送风	3 号风井排烟	工况编号
场景 H	1(8 号车厢)	6 射+1 推+2 隧	2 隧	H01
		6 射+1 推+3 隧	2 隧	H02
		1 推+2 隧	2 隧	H03
		6 射+1 推+1 隧	2 隧	H04
		1 推+2 隧	1 隧	H05
	2(7 号车厢)	6 射+1 推+2 隧	2 隧	H06
		6 射+1 推+3 隧	2 隧	H07
		1 推+2 隧	2 隧	H08
		6 射+1 推+1 隧	2 隧	H09
		1 推+2 隧	1 隧	H10
	3(6 号车厢)	6 射+1 推+2 隧	2 隧	H11
		6 射+1 推+3 隧	2 隧	H12
		1 推+2 隧	2 隧	H13
		6 射+1 推+1 隧	2 隧	H14
		1 推+2 隧	1 隧	H15
	4(5 号车厢)	6 射+1 推+2 隧	2 隧	H16
		6 射+1 推+3 隧	2 隧	H17
		1 推+2 隧	2 隧	H18
		6 射+1 推+1 隧	2 隧	H19
		1 推+2 隧	1 隧	H20

表6-3　场景J试验工况

火灾场景	火源位置	3号+4号风井送风	B站排烟	工况编号
场景J	1(8号车厢)	1隧+1隧	2隧+1推	J01
		1隧+1隧	2隧	J02
		1隧+1隧	1隧+1推	J03
		0隧+1隧	1隧	J04
		0隧+1隧	2隧	J05
	2(7号车厢)	1隧+1隧	2隧+1推	J06
		1隧+1隧	2隧	J07
		1隧+1隧	1隧+1推	J08
		0隧+1隧	1隧	J09
		0隧+1隧	2隧	J10
	3(6号车厢)	1隧+1隧	2隧+1推	J11
		1隧+1隧	2隧	J12
		1隧+1隧	1隧+1推	J13
		0隧+1隧	1隧	J14
		0隧+1隧	2隧	J15
	4(5号车厢)	1隧+1隧	2隧+1推	J16
		1隧+1隧	2隧	J17
		1隧+1隧	1隧+1推	J18
		0隧+1隧	1隧	J19
		0隧+1隧	2隧	J20

6.4　火灾场景F试验结果分析

1. 隧道拱顶下方温度变化

着火列车位于火灾场景F时,由不同排烟模式开启方案下拱顶下方温度变化图(图6-2)可知,不同工况下拱顶下方最高温度不同,纵向温度衰减规律趋势相同,但是衰减速度不同。隧道拱顶下方温度,在开启排烟模式后,在纵向气流作用下,通风上游的温度维持在环境温度,说明烟气得到了良好的控制。从车厢火焰试验图(图6-3)中可以看出,在纵向气流作用下,火焰向通风下游倾斜,导致隧道拱顶最高温度位置在着火车厢下游,最高温度为240~325℃。

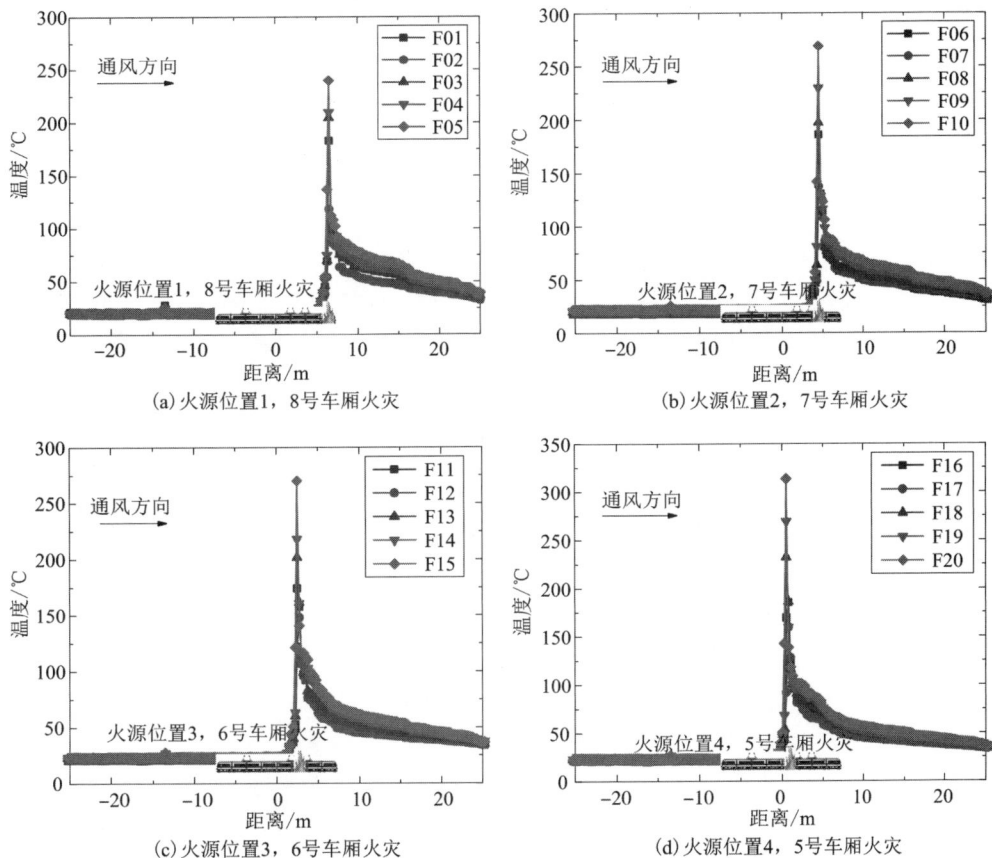

(a) 火源位置1，8号车厢火灾

(b) 火源位置2，7号车厢火灾

(c) 火源位置3，6号车厢火灾

(d) 火源位置4，5号车厢火灾

图 6-2　场景 F 不同烟控方案下拱顶下方温度变化

图 6-3　场景 F 车厢火焰试验图

2. 隧道内纵向流速分布

着火列车位于火灾场景 F 时，由隧道内纵向流速分布图（图 6-4）可知，不同通风排烟方案启动后，隧道内形成稳定流场，列车附近风速较高，这是因为列车附近发生了阻塞效应，局部断面变小，导致风速增大。列车头部和尾部速度会降低，这是因为风速在断面变化时，会在列车头部和尾部产生涡旋。对比不同车厢火灾，发现隧道内纵向流速分布规律相同，均能在着火车厢通风上游形成 2 m/s 以上的风速，满足临界风速要求。

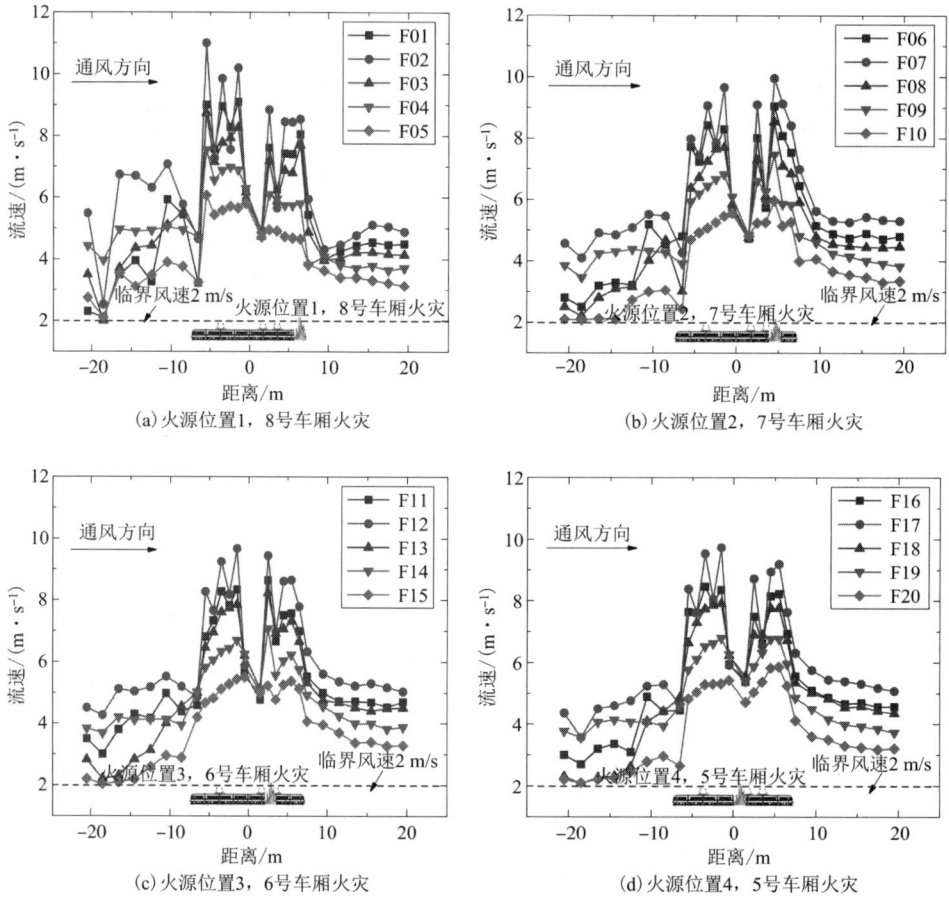

(a)火源位置1，8号车厢火灾

(b)火源位置2，7号车厢火灾

(c)火源位置3，6号车厢火灾

(d)火源位置4，5号车厢火灾

图 6-4　场景 F 不同烟控方案下隧道内纵向流速分布

6.5　火灾场景 H 试验结果分析

1. 隧道拱顶下方温度变化

着火列车位于火灾场景 H 时，由不同排烟模式开启方案下拱顶下方温度变化图（图 6-5）可知，不同工况下拱顶下方最高温度不同，纵向温度衰减规律趋势相同，但是衰减速度不同。隧道拱顶下方温度，在开启排烟模式后，在纵向气流作用下，通风上游的温度维持在环境温度，说明烟气得到了良好的控制。从车厢火焰试验图(图 6-6)中可以看出，在纵向气流作用下，火焰向通风下游倾斜，导致隧道拱顶最高温度位置在着火车厢下游，最高温度为 125~210 ℃。

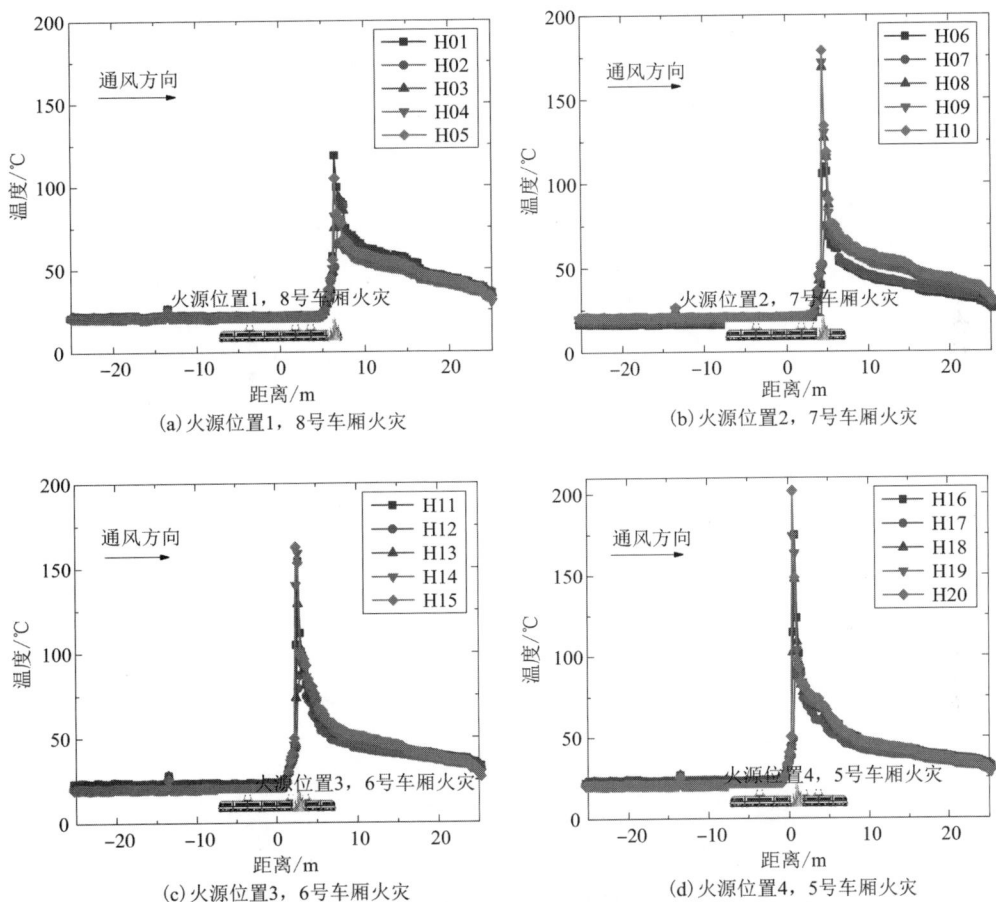

(a)火源位置1，8号车厢火灾

(b)火源位置2，7号车厢火灾

(c)火源位置3，6号车厢火灾

(d)火源位置4，5号车厢火灾

图 6-5　场景 H 不同烟控方案下拱顶下方温度变化

图 6-6　场景 H 车厢火焰试验图

2. 隧道内纵向流速分布

着火列车位于火灾场景 H 时隧道内纵向流速分布图（图 6-7）可知，不同通风排烟方案启动后，隧道内形成稳定流场，列车附近风速较高，这是因为列车附近发生了阻塞效应，局部断面变小，导致风速增大。列车头部和尾部速度会降低，这是因为风速在断面变化时，会在列车头部和尾部产生涡旋。对比不同车厢火灾，发现隧道内纵向流速分布规律相同，均能在着火车厢通风上游形成 2 m/s 以上的风速，满足临界风速要求。

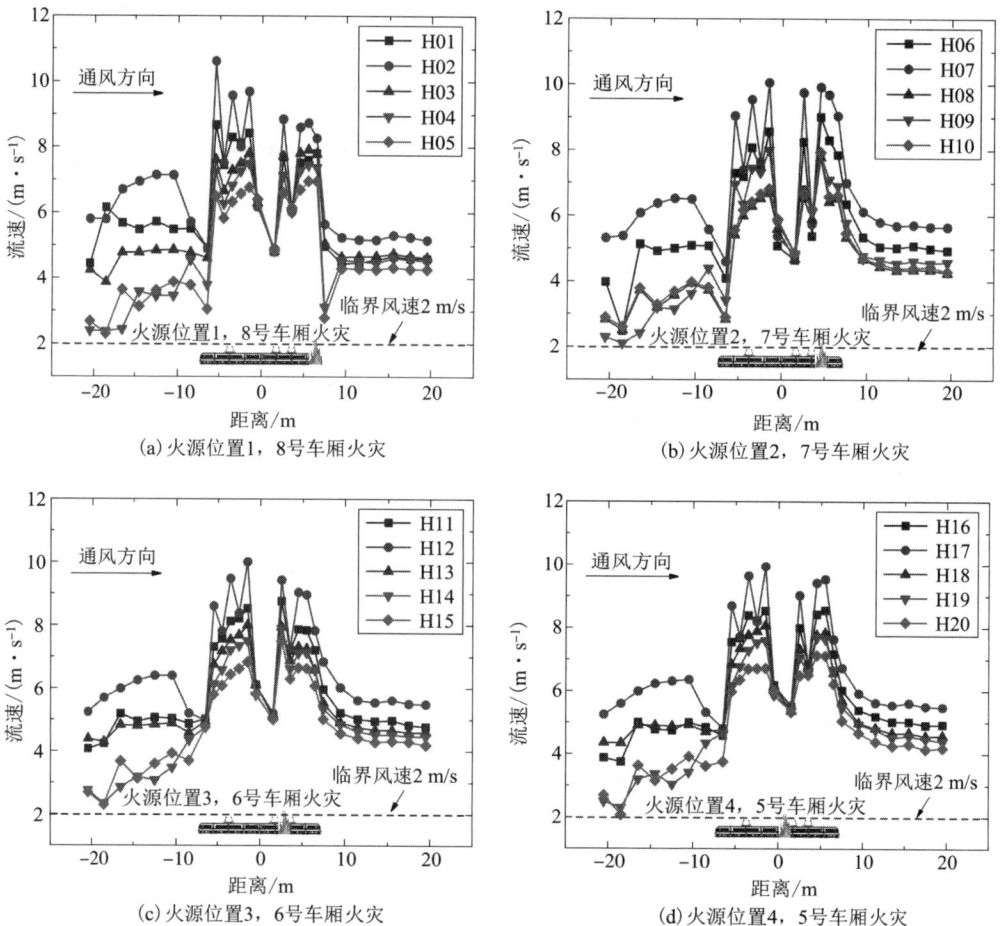

(a) 火源位置1，8号车厢火灾

(b) 火源位置2，7号车厢火灾

(c) 火源位置3，6号车厢火灾

(d) 火源位置4，5号车厢火灾

图 6-7　场景 H 不同烟控方案下隧道内纵向流速分布

6.6　火灾场景 J 试验结果分析

1. 隧道拱顶下方温度变化

着火列车位于火灾场景 J 时,由不同排烟模式开启方案拱顶下方温度变化图(图 6-8)可知,不同工况下拱顶下方最高温度不同,纵向温度衰减规律趋势相同,但是衰减速度不同。隧道拱顶下方温度,在开启排烟模式后,在纵向气流作用下,通风上游的温度维持在环境温度,说明烟气得到了良好的控制。从车厢火焰试验图(图 6-9)中可以看出,在纵向气流作用下,火焰向通风下游倾斜,导致隧道拱顶最高温度位置在着火车厢下游,最高温度为 200~300 ℃。当火控制在车厢内部时,车厢有隔离火焰的作用,隧道拱顶温度相对降低,离火源越远,拱顶下方的温度越低。对比不同车厢火灾发现,拱顶下方温度变化规律基本相同。

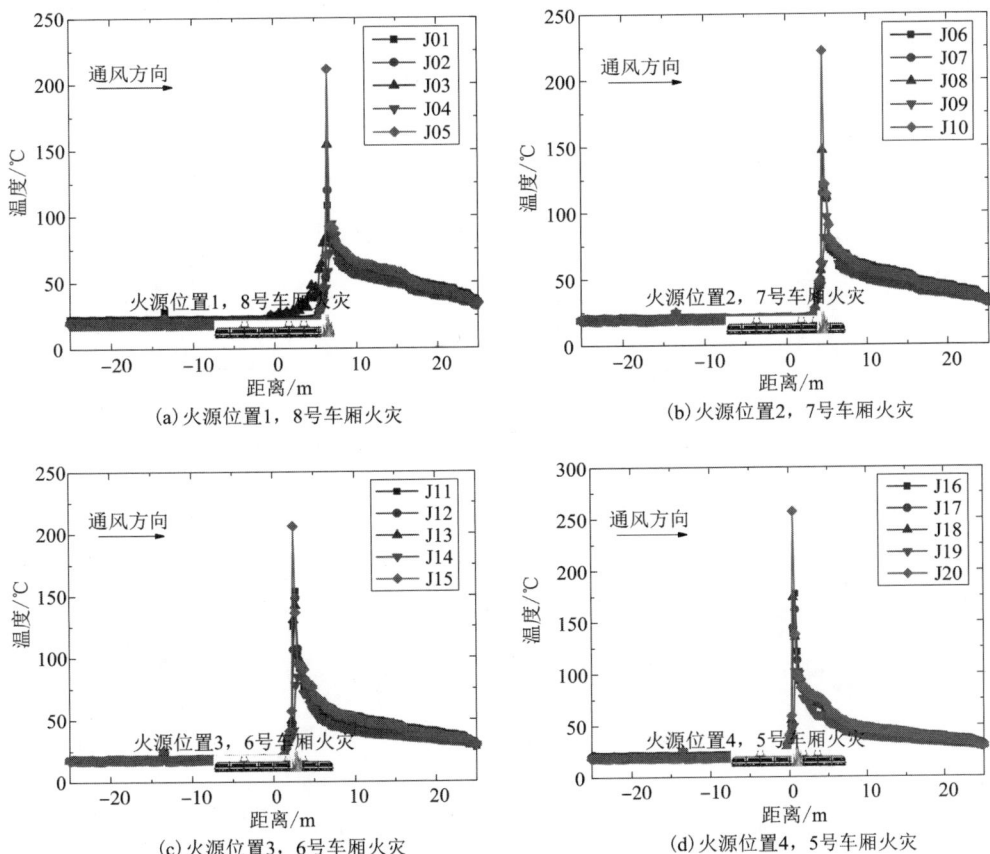

(a) 火源位置1,8号车厢火灾

(b) 火源位置2,7号车厢火灾

(c) 火源位置3,6号车厢火灾

(d) 火源位置4,5号车厢火灾

图 6-8　场景 J 不同烟控方案下拱顶下方温度变化

图 6-9　场景 J 车厢火焰试验图

2. 隧道内纵向流速分布

　　着火列车位于火灾场景 J 时，由隧道内纵向流速分布图（图 6-10）可知，不同通风排烟方案启动后，隧道内形成稳定流场，列车附近风速较高，这是因为列车附近发生了阻塞效应，局部断面变小，导致风速增大。列车头部和尾部速度会降低，这是因为风速在断面变化时，会在列车头部和尾部产生涡旋。对比不同车厢火灾，发现隧道内纵向流速分布规律相同，均能在着火车厢通风上游形成 2 m/s 以上的风速，满足临界风速要求。

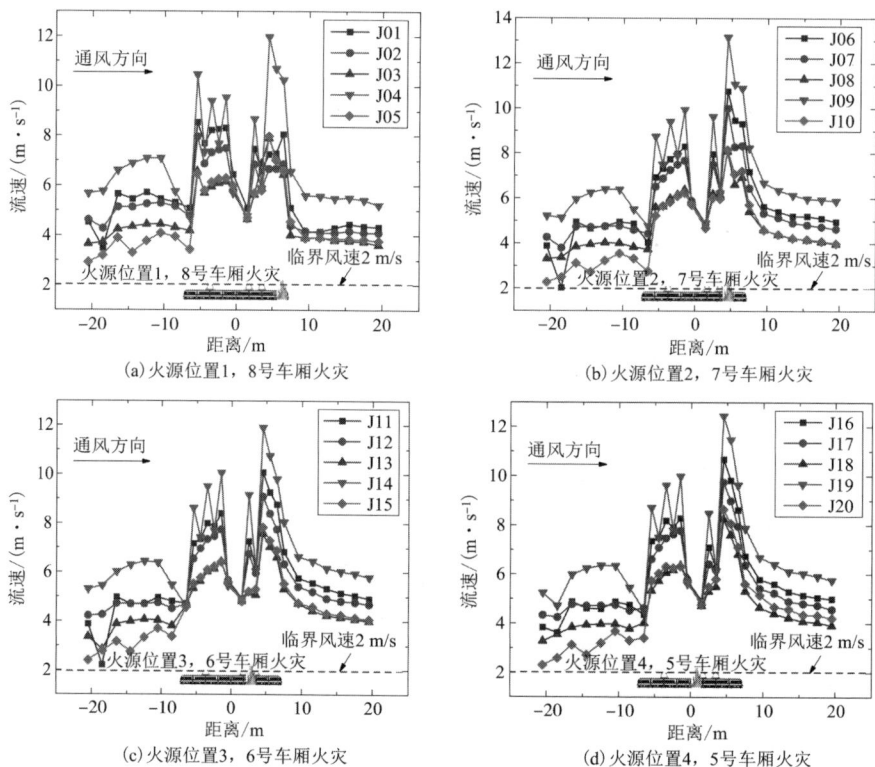

(a)火源位置1，8号车厢火灾

(b)火源位置2，7号车厢火灾

(c)火源位置3，6号车厢火灾

(d)火源位置4，5号车厢火灾

图 6-10　场景 J 不同烟控方案下隧道内纵向流速分布

第 7 章

城市轨道交通长大区间人员疏散特征

7.1 前言

本章结合工程实际情况，通过文献查阅和理论分析的方法确定城市轨道交通长大区间的人员特征属性、疏散心理、疏散行为和人员荷载、行走速度等关键特征参数。研究城市轨道交通长大区间人员的疏散行为特征及人员安全疏散基本参数，对隧道内疏散设施设计参数及人员疏散路径的确定等有着关键作用。

7.2 火灾时人员的行为特征

1. 火灾现象的察觉

一旦发生火灾，尽早让火场环境中的人员察觉到火灾迹象是十分重要的。随着燃烧的持续，火焰、热量和烟气不断释放，将增强火灾迹象信号。人们可以直接通过闻到烟气的异味，看到烟气的蔓延等直接察觉火灾迹象，也可以通过声光报警系统或语音广播系统所听到、看到的，或由其他人告知的等间接察觉火灾迹象。

然而，如果语音的提示信息与其他火灾报警信息(如烟气的气味或遮光性)有冲突，这种信息的可信度便会受到怀疑。许多人似乎更加相信直接察觉到的迹象。应当指出，大多数人一般不了解建筑物当时的总体危险状况，单靠他们的直接察觉往往会做出错误判断。

调查发现，火灾报警器发出报警信号后，很多人对火灾的发生不能及时作出反应，他们往往会有一小段反应过程。由于年龄、性别、工作背景、身体状况、受教育程度、风俗习惯等的差异，不同的人对火灾迹象的反应存在很大的差别。不同类型人员，其反应的时间过程可能相差很大。对于具有较强火灾安全意识的人，他们可在几秒钟内便清楚认识到发生了什么事情，从而能够较快采取疏散行动；而对于小孩，可能要解释很长一段时间他们才知道发生了什么事。

2. 火灾信息的确认

火灾信息的确认过程包括证实火灾真实性、评估火灾危险性、采取应对行动等。察觉到初步火灾迹象后，每个人都会企图证实该信息是否真实。当初步迹象不清晰、不明确时，人们经常试图获得一些额外的信息，如得到其他人的口头通知或认可。例如，当一个人闻到了烟气味道，但他又不能确信是否真的发生了火灾时，他往往会通过别的途径协助证实。当人们确定火灾发生之后，接着就会评估火灾危险和决策采取应对行动，也就是把火灾迹象与他本人所在位置的状况联系起来，确定火灾是否对自己构成威胁、危险程度有多高、自己是否需要立即行动等。

选择如何行动是这种自我评估过程的直接结果，而能否做出正确的选择，将会影响他的最终结局，即可以成功逃离、局部成功逃离或逃离失败。不同的文化程度、经济背景均会对人们选择的正确性产生影响。例如，有的人可能会因为房间内存放较多的财物而抱着侥幸心理，认为火灾对他那里不会构成威胁。

3. 应对行动

在已经明确火灾会构成威胁后，建筑物内的人员采取的行动也是多种多样的，根据统计，主要有以下几种类型：

①寻找火源，主动灭火。

②通知或协助他人撤离。

③向消防队报警，请求灭火支援。

④收拾财物，然后准备逃离。

⑤直接逃离现场。

⑥出现恐慌行为，无法自主行动或盲目行动。

调查结果表明，不同的人，最先采取的行动亦存在很大的差别。一般来说，男性青年人采取灭火行动的比例较大，而成年女性告知他人疏散或协助他人疏散的比例较大；文化素质较高及参加过消防训练的人能够较正确地依据火灾发展状况向消防队报警，进行有序疏散，不至于过度恐慌；少年儿童在较多的场合容易出现大范围的恐慌或盲目行动的现象。

火灾是一种灾害性事件，人们都知道它可能会毁灭财物，因而在疏散前，有一些人首先想到应当将贵重物品带走。他们往往为寻找这些物品而浪费宝贵的疏散时间，这种时间有时以分钟计。有人甚至在跑出一段路程之后，又返回火场去寻找忘记带的财物。

7.3　火灾时人员的心理特征

众多学者做了很多关于人员疏散中特殊行为的研究工作，比如恐慌状态、火灾中的人员疏散等。在紧急情况下，人员疏散会出现一些特殊的现象。

1. 恐慌行为

许多群体行为的灾难形式之一是由恐慌引起的群体奔逃，常导致人员死亡，如被挤死或被踩死。有时这样的行为由威胁生命的事故引发，如拥挤的大楼内着火；在其他情况下，恐慌易发生在挤座位时，或似乎没有原因，尽管工程师正想办法减轻这种灾难的程度，但它们发生的频率似乎随着群体数量的增加和规模的扩大而增加。

2. 从众心理

所谓从众，就是在群体的影响和压力下，个体放弃自己的意见而采取与大多数人相一致的行为，即通常所说的"人云亦云""随大流"。从众是日常生活和工作中常见的社会心理和行为现象，比如，购物的时候，人们往往热衷于购买同一种商品；和别人讨论问题，当你的观点与其他人不同时，即使自己是对的，往往也觉得不妥，愿意放弃自己的意见而跟随其他人的观点；等等。

有的人对从众持否定态度，其实它具有两面性：

①消极的一面是抑制个性发展，扼杀创造力，使人变得无主见。

②积极的一面是有助于学习他人的经验智慧，克服固执己见、盲目自信，修正自己的思维方式等。

在人员疏散过程中，从众现象也是很常见的。火灾现场能见度非常低，即使是长期居住在此的人有时也分辨不清疏散通道。火场中的人由于不安和恐慌，更容易受周围人的影响，更愿意靠近人群，他们更愿意跟随前面的人或大多数人，其逃生行为与平时的运动习惯甚至疏散演习有较大差别。从众心理除了受个体差异影响，也与外界条件有关系，如火势严重时，人们的从众心理往往会增强。

3. 亲情行为

亲情行为对人员疏散非常不利，亲情行为者在疏散过程中为了寻找同伴有时会采取与其他人不一致甚至相反的运动方向，成为他人疏散过程中的"障碍物"。亲情行为者如果在门口聚集、徘徊，还会增大人员离开出口的难度，造成出口处的严重堵塞。甚至有的人在其他所有人都完成疏散后还执意要在区域内找寻家人，导致总疏散时间延长。

4. 小群体行为

在紧急疏散的时候，人群有回避危险、愿意靠近人群的特征，表现为在发生火灾时建筑物内的人员集中到一个房间，尤其是通风良好的有阳台的房间。此外，在疏散过程中，人员往往也是成群疏散，出现小群体现象。聚集的人群可以起到减轻紧张和焦虑的作用。

7.4 火灾时人员行为及心理特征的影响因素分析

1. 主观因素

(1) 火灾时人的心理因素分析

人只要有思想就会进行频繁的心理活动。人的心理特性有很多，包括注意、情绪、意志、性格、态度、能力等。人在日常生活中总是靠理性来判断自己的行动。但是，当面对火灾等灾害，生命受到威胁的时候，由于不安和恐慌，往往不能靠理性的判断来采取行动并进行思考，而是靠本能和感情来采取冲动的行为。

面对可怕的事实，人有时会由于担心死亡或受伤而采取没有理智的行动，可怕的事实越临近就越恐慌，即使这种事实对人的危害非常小，也会使人陷入过分的恐慌中。这种害怕和恐慌的程度因人而异。若这些人汇集成群，共同拥有不安和恐慌，显示出火灾时特有的心理，会导致比火灾本身更严重的危害。此类人群是由本无联系的人未经组织而形成的团体，混乱时如果没有可以依赖的人，就必定会陷入周围的氛围中，由于共同具备的不安，就易于听从谣言或他人错误的诱导。

从心理学的角度来看，人群具有下列特征：

①都因有共同关心的问题而聚集在一起。

②该团体是偶然的，临时产生的。

③是一个没有任务分担的团体。

④易于受周围人的感情所支配。

⑤愿意靠近人群。

由于某种原因，人们汇集到一起，这些汇集起来的人的心理又起到相乘的作用，因此遇到火灾的烟雾、异臭、停电、嘈杂等状况时，常常会导致恐慌。

(2) 火灾时人的行为的主观因素

从事故案例调查结果来看，人员的一般行为的主观因素主要可以分为以下几种：①组织转移；②固执灭火；③个人逃难；④安全意识缺乏；⑤延滞重返性。

(3) 火灾时人的行为能力的影响因素

火灾中的人根据已知情报和自我感知而对危险的形势做出反应，这种反应的程度取决于人的体能和智能，以及对火灾发生地的熟知程度和人员的组成情况。

①体能和智能。人的健康状况、身体反应能力和智能以及对报警的感觉是直接影响人的行为的重要因素，统计表明，老人和小孩在火灾疏散中行动迟缓，在所有死亡者中占有相当的比例，这表明他们的体能和智能是延缓疏散的影响

因素。

②人的精神状态与对火灾威胁的判断。火灾常把人逼迫到一个有限的空间内，人们因此无法对外部环境和自身的危险程度做出准确判断。

2. 客观因素(各有害气体对人体的影响)

火灾时威胁人员生命安全的因素主要有三种，即烟气的毒性、火灾热辐射和燃烧所导致的灾害区间的氧气下降——通常称为"贫氧"。

火灾产生的大量高温烟雾，对隧道内的车辆和人员的逃生具有极大的威胁，其危害表现在：

①高温烟气在移动过程中，会向周围不断辐射热量，对人员、结构造成损伤，同时由于火风压作用，会导致隧道内通风系统紊乱。

②浓烟使得隧道内的能见度降到很低，甚至会损坏逃生通道和信号引导灯。同时，含有大量有毒有害气体的高温烟雾会刺激人眼睛流泪使视力下降，使人不易辨别方向和路线，同时给人在精神和体力上造成巨大的压力，降低人的思考分析能力，对人员和车辆的逃生以及火灾救援工作造成极大妨碍。

③烟气中含有大量的有毒有害气体，如 CO、CO_2 及颗粒状烟尘，这些气体是造成人员伤亡的一个很重要的原因。

④耗氧量。

火灾过程中，一方面会产生大量的 CO、CO_2 及其他有害气体；另一方面，燃烧本身会消耗大量的氧气，这样使得氧气的含量大大降低，尤其是当爆炸发生时，含氧量会降低到5%以下，使人呼吸停止，数分钟后死亡。若火灾发生在隧道内，尤其是在火灾发展到全盛时期以后，隧道内空气中的氧浓度非常低，在某些时候某些特定的区域几乎接近零。空气中的氧浓度降低会给人体造成很大的伤害。氧浓度降低对人体的危害见表7-1。

表 7-1　氧浓度降低对人体的危害

氧浓度/%	对人体的影响
16~12	呼吸和脉搏速度加快
14~9	判断力下降，全身虚脱，发晕
10~6	意识不清，引起痉挛，6~8 min 死亡
0	5 min 内致死

7.5 人员荷载分析

区间隧道内的人员主要来自列车车厢,列车车厢的人员数量应根据列车的设计资料和车站的高峰小时人流量共同确定。列车人员荷载考虑定员和超员两种情况。

7.6 人员行走速度

人员的自身条件、人员密度和建筑物的情况均对人员行走速度有一定的影响。人员自身条件包括年龄、性别和行动能力等,其产生和影响与人员在不同状态下的心理有关。在人员密集的情况下,人员密度对人员的行走速度也有影响。建筑物的情况包括疏散走道的坡度、人员行走的路径情况及建筑物的功能设置等。

根据《地铁安全疏散规范》(GB/T 33668—2017),人员的平均运动速度需根据人员的性别、年龄比例进行算术平均,应按下式计算:

$$V = \sum_i C_i V_i$$

式中:C_i——按照年龄、性别划分的三类人群分别所占的比例;

V_i——不同人群的速度;

V——人员平均运动速度,m/min,对于新建地铁、无实际客流观测数据的城市,可取值为水平行走速度 66 m/min,楼梯下行速度 47 m/min,楼梯上行速度 37 m/min。

不同性别、年龄的人员运动速度如表 7-2 所示。

表 7-2 不同年龄、性别人员的运动速度 单位:m/s

人群	水平行走速度	楼梯下行速度	楼梯上行速度
中青年男士	1.25	0.90	0.67
中青年女士	1.05	0.74	0.63
老人及儿童	0.76	0.52	0.60

《SFPE 消防工程手册》中,人员疏散速度是人员密度的函数,即当人员密度在 0.54~3.8 人/m² 时,人员疏散速度可用下式表示:

$$S = k(1 - 0.266D) \tag{7-1}$$

式中:k——常数,取值见表 7-3;

D——人员密度,人/m²。

表 7-3　公式中常数 k 的取值

疏散路径因素		k
走道、走廊、斜坡、门口		1.40
楼梯		
梯级高度/cm	梯级宽度/cm	
19	25	1.00
18	28	1.08
17	30	1.16
17	33	1.23

根据式(7-1)可算出人员密度为 0.54~3.8 人/m^2 时,对应的水平疏散速度和在楼梯下行时的疏散速度,见表 7-4。

表 7-4　SFPE《消防工程手册》确定的人员疏散速度

人员密度/(人·m^{-2})	<0.54	0.54~1	1~2	2~3	3~3.8
水平疏散速度/(m·s^{-1})	1.2	1.2~1.0	1.0~0.66	0.66~0.28	0.28~0
楼梯下行速度/(m·s^{-1})	0.86	0.86~0.73	0.73~0.47	0.47~0.20	0.20~0

另外,对于不同类型的人员疏散速度,苏格兰爱丁堡大学研究成果不但给出了 4 类人员(成年男士、成年女士、儿童和老者)的平均形体尺寸,还给出了 4 类人员的步行速度建议推荐值,结果表明:后三类人员(即成年女士、儿童和老者)的水平和沿坡道、楼梯上下行疏散速度分别为第一类人员(即成年男士)的85%、66%和59%。不同行动力的人员疏散时的速度也有差别,见表 7-5。

表 7-5　人员行动能力分类表

特点	群体行动能力			
	平均步行速度/(m·s^{-1})		流动系数/(人·m^{-1})	
	水平	楼梯	水平	楼梯
仅靠自身力量难以行动的人,如重病者、老人、婴幼儿、智力障碍者、身体残疾者等	0.8	0.4	1.3	1.1

续表7-5

特点	群体行动能力			
	平均步行速度 /(m·s⁻¹)		流动系数 /(人·m⁻¹)	
	水平	楼梯	水平	楼梯
不熟悉建筑内的隧道、出入口等部位的人员，如旅馆的客人、商店顾客、通行人员等	1.0	0.5	1.5	1.3
熟悉建筑物内的隧道、出入口等位置的健康人、建筑物内工作人员、职员、保卫人员等	1.2	0.6	1.6	1.4

地铁火灾的发展将产生大量的烟雾，会对人员疏散速度产生影响。已有的研究表明，当能见度大于30 m时，其对人员疏散速度的影响可以忽略。根据调研得到能见度对疏散速度的影响因子，见表7-6。

表 7-6　能见度对疏散速度的影响因子

能见度/m	影响因子	能见度/m	影响因子
30	1	1	0.798
20	0.998	0.5	0.559
10	0.978	0.25	0.271
5	0.920	0.1	0.200
2.5	0.902	—	—

综合以上各类数据，同时考虑中、西方人员不同的差异，在取值时给予一定的保守估计，城市轨道交通长大区间列车车厢内的疏散人员构成及平面行走速度可以根据表7-7确定。

表 7-7　疏散人员构成及平面行走速度

人员类型	构成比例	正常速度/(m·s⁻¹)
成年男性	35%	1.2
成年女性	30%	1.0
老人及儿童	15%、20%	0.8

第 8 章

城市轨道交通长大区间疏散救援设计及安全性研究

8.1 前言

地铁发生火灾时，若列车尚未失去动力则须行驶至车站进行疏散；若列车失去动力停靠在区间内，则要对列车停靠在区间不同位置时的人员疏散安全性展开研究。此章利用数值模拟的方法对城市轨道交通长大区间疏散救援设计参数展开研究，此外还研究了列车停靠区间不同位置时的可用安全疏散时间及必需安全疏散时间，以判定人员疏散的安全性。

8.2 列车停靠位置及疏散场景分析

列车停靠位置对人员疏散有着重要的影响，因此要考虑列车在不同停靠位置下的人员疏散。

火灾发生位置对列车的人员疏散也有着重要影响，当火灾发生在列车内部和列车外顶部时，人员的疏散路径有所差异；当火灾位于列车端部（头部或尾部）或中部时，人员的疏散路径也有所不同。因此本研究针对列车内部的头部或中部火灾及列车顶部的头部或中部火灾条件下不同列车停靠位置下人员的疏散进行分析。

1. 列车停靠在两联络通道之间

当列车停靠在两联络通道之间时，其停靠位置如图 8-1 所示。

图 8-1 列车停靠在两联络通道之间

当列车停靠在两联络通道之间时，其端部距离上下两联络通道的间距均约 150 m。

2. 列车停靠在某一联络通道附近

当列车停靠在某一联络通道附近时，其停靠位置如图 8-2 所示。

A 横通道
B 火源下游
C 火源上游
← 通风方向
🔥 火源

图 8-2　列车停靠在某一联络通道附近

列车停靠某一联络通道附近，当联络通道未被火灾封堵时，人员可以选择向上游疏散或向停靠处联络通道疏散。

3. 列车停靠在紧急出口附近

当列车停靠在紧急出口附近时，其停靠位置如图 8-3 所示。

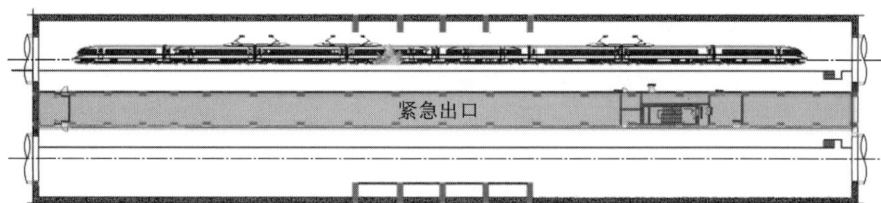

紧急出口

图 8-3　列车停靠在紧急出口附近

当列车停靠在紧急出口附近时，人员可以向紧急出口楼梯前室疏散，也可以向上游或对侧隧道疏散。

4. 列车停靠在疏散救援定点附近

当列车停靠在疏散救援定点附近时，其停靠位置如图 8-4 所示。

疏散救援定点

图 8-4　列车停靠在疏散救援定点附近

当列车停靠在疏散救援定点附近时，人员可以向疏散救援定点的临时避难区疏散，也可以向对侧隧道疏散。

8.3　防灾救援设计参数分析

对相关资料调研得到的结果进行分析，并结合该工程的实际情况，利用 pathfinder 针对不同参数的疏散平台、联络通道进行模拟，以此来分析不同参数下人员疏散情况，给出疏散平台、联络通道的设计方案。通过对相关资料及相关工程的研究和调查，对调研结果进行分析，得出紧急出口及疏散救援定点的设计方案。

8.3.1　疏散平台

利用 pathfinder 对不同宽度的疏散平台进行模拟，得出人员疏散时间，分析人员疏散行为，对比不同宽度的疏散平台对人员疏散的影响，以此来得到疏散平台的设计方案。

1. 模型设置

假设火灾发生在列车中部即第五节车厢，车厢人数为定员工况。发生火灾时人员向上游疏散，着火车厢内的人员不穿过火源。疏散平台设置整体模型图如图 8-5 所示。

(a) 疏散模型轴视图　　(b) 疏散模型细节一　　(c) 疏散模型细节二

图 8-5　疏散平台设置整体模型图

2. 工况设计

疏散平台关键技术参数研究工况表如表 8-1 所示。

表 8-1　疏散平台关键技术参数研究工况表

工况编号	疏散平台宽度/m	火源	疏散路径	疏散至上游时间/s
S-A	0.7	第五节车厢	人员向火源上游疏散(着火车厢人员不穿过火源)	914
S-B	1.1			600
S-C	1.25			481
S-D	1.5			396

3.结果分析与讨论

（1）S-A 工况——疏散平台宽度为 0.7 m

S-A 工况疏散过程图如图 8-6 所示。通过对 0.7 m 疏散平台的人员疏散过程的仿真模拟，得到各个时间的疏散过程及人员疏散的行走时间，具体过程如图 8-6 所示。最终疏散时间约为 914 s。

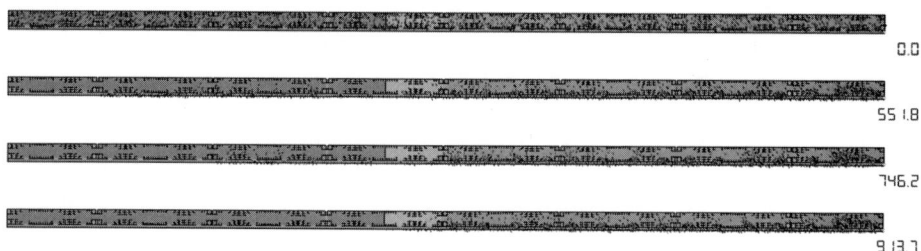

图 8-6　S-A 工况疏散过程图(单位：s)

（2）S-B 工况——疏散平台宽度为 1.1 m

S-B 工况疏散过程图如图 8-7 所示。通过对 1.1 m 疏散平台的人员疏散过程的仿真模拟，得到各个时间的疏散过程及人员疏散的行走时间，具体过程如图 8-7 所示。人员从车厢疏散至疏散平台的排队时间较长，出现堵塞情况，但比 0.7 m 疏散平台堵塞情况轻微，最终疏散时间约为 600 s。

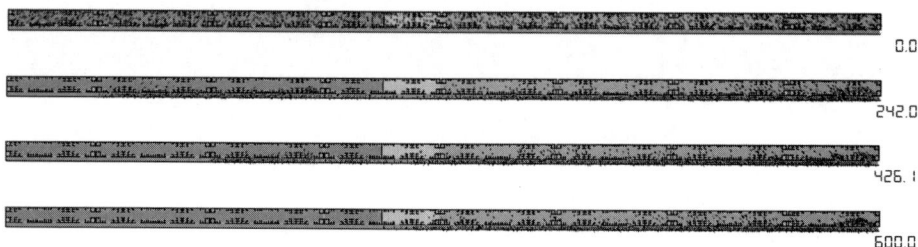

图 8-7　S-B 工况疏散过程图(单位：s)

（3）S-C 工况——疏散平台宽度为 1.25 m

S-C 工况疏散过程图如图 8-8 所示。通过对 1.25 m 疏散平台的人员疏散过程的仿真模拟，得到各个时间的疏散过程及人员疏散的行走时间，具体过程如图 8-8 所示。人员从车厢疏散至疏散平台的排队时间较长，出现堵塞情况但比0.7 m 及 1.25 m 疏散平台堵塞情况轻微，最终疏散时间为 481 s。

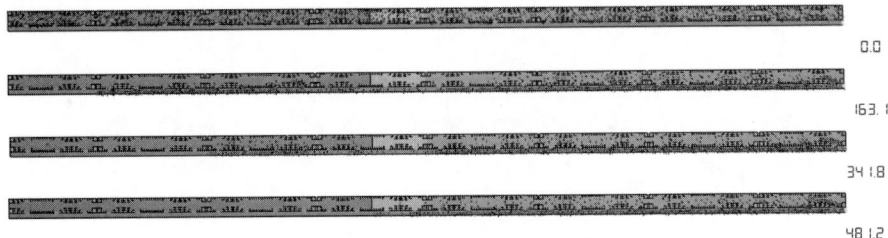

图 8-8　S-C 工况疏散过程图（单位：s）

（4）S-D 工况——疏散平台宽度为 1.5 m

S-D 工况疏散过程图如图 8-9 所示。通过对 1.5 m 疏散平台的人员疏散过程的仿真模拟，得到各个时间的疏散过程及人员疏散的行走时间，具体过程如图 8-9 所示。人员从车厢疏散至疏散平台的排队时间较长，出现堵塞情况，但比以上三种工况情况轻微，最终疏散时间约为 396 s。

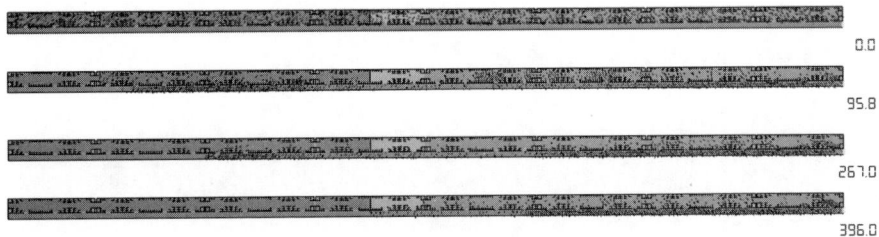

图 8-9　S-D 工况下疏散过程图（单位：s）

对工况 S-A~S-D 的模拟结果进行总结如表 8-2 所示。

表 8-2　工况 S-A~S-D 模拟结果汇总表

工况编号	疏散平台宽度/m	火源	疏散路径	疏散时间/s
S-A	0.7	第五节车厢	人员向火源上游疏散（着火车厢人员不穿过火源）	914
S-B	1.1			600
S-C	1.25			481
S-D	1.5			396

（5）疏散平台设计方案

通过对四种工况的模拟及对模拟结果进行分析，结合对疏散平台相关资料的调研，得到以下疏散平台设计方案。

区间隧道内应设置贯穿整条隧道的疏散平台，单侧布置（靠相邻隧道一侧，即行车方向左侧）。疏散平台的宽度等设计方案如下：

①疏散平台宽度一般不小于 1.1 m，困难地段不应小于 0.7 m；有条件地段宜不小于 1.25 m。

②疏散平台与设备限界水平净距不小于 50 mm。

③疏散平台走行面不应低于轨面，表面必须平整。

④疏散平台净空不应少于 2.2 m。

⑤疏散平台的高度根据排烟有效性确定，宜低于车辆地板面 0.1～0.15 m。

⑥疏散平台在联络通道（或单洞双线隧道的中隔墙）正对的一定范围内设置防冲撞扶手栏杆，以防乘客在疏散过程中被误推入轨道；如防冲栏杆设置在贴临疏散平台边缘，应间断布置，不影响列车紧急疏散。

8.3.2 联络通道

1. 模型设置

假设列车停在两个联络通道中间，车厢左端部离联络通道距离为 200 m，火灾发生在列车中部即第五节车厢，考虑定员工况和超员工况。发生火灾时前四节车厢的人员向火源下游联络通道疏散，后四节车厢向火源上游联络通道疏散，横通道设置整体模型图如图 8-10 所示。

图 8-10 联络通道设置整体模型图

2. 工况设置

横通道关键技术参数研究工况表如表 8-3 所示。

3. 结果分析与讨论

设置 S1～S6 工况，对联络通道关键技术参数展开研究，主要分析人员安全疏散时间，以下选取部分工况展示人员疏散的全过程。

表 8-3　联络通道关键技术参数研究工况表

工况编号	疏散人数	联络通道间距/m	火源	疏散路径
S1		100		
S2		200		前四节车厢的人员向火源下游
S3	定员工况	300	第五节	联络通道疏散,后四节车厢向
S4		400	车厢	火源上游联络通道疏散(不穿
S5		500		越火源)
S6		600		

(1)工况 S4 下联络通道间距为 400 m

S4 工况下疏散过程图如图 8-11 所示。通过对 400 m 联络通道的人员疏散过

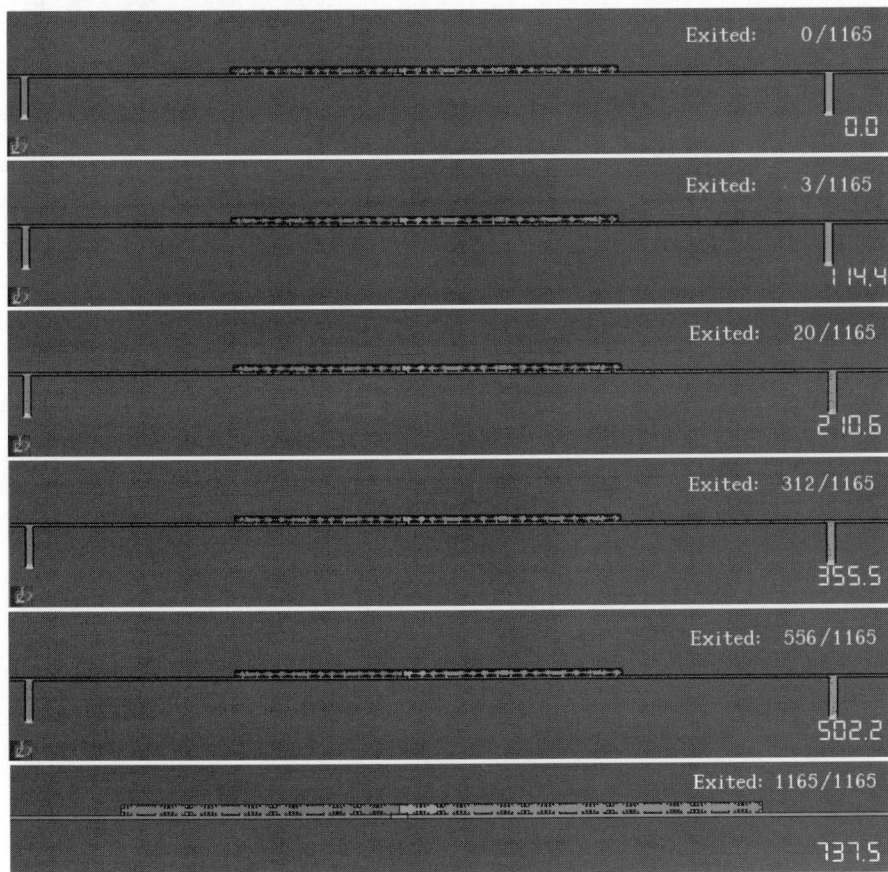

图 8-11　S4 工况下疏散过程图

程的仿真模拟，得到各个时间的疏散过程及人员疏散的行走时间，具体过程如图 8-11 所示。人员从车厢疏散至联络通道处出现堵塞情况，最终疏散时间为 737 s。

（2）工况 S5 下联络通道间距为 500 m

S5 工况下疏散过程图如图 8-12 所示。通过对 500 m 联络通道的人员疏散过程的仿真模拟，得到各个时间的疏散过程及人员疏散的行走时间，具体过程如图 8-12 所示。人员从车厢疏散至联络通道处出现堵塞情况，最终疏散时间约为 796 s。

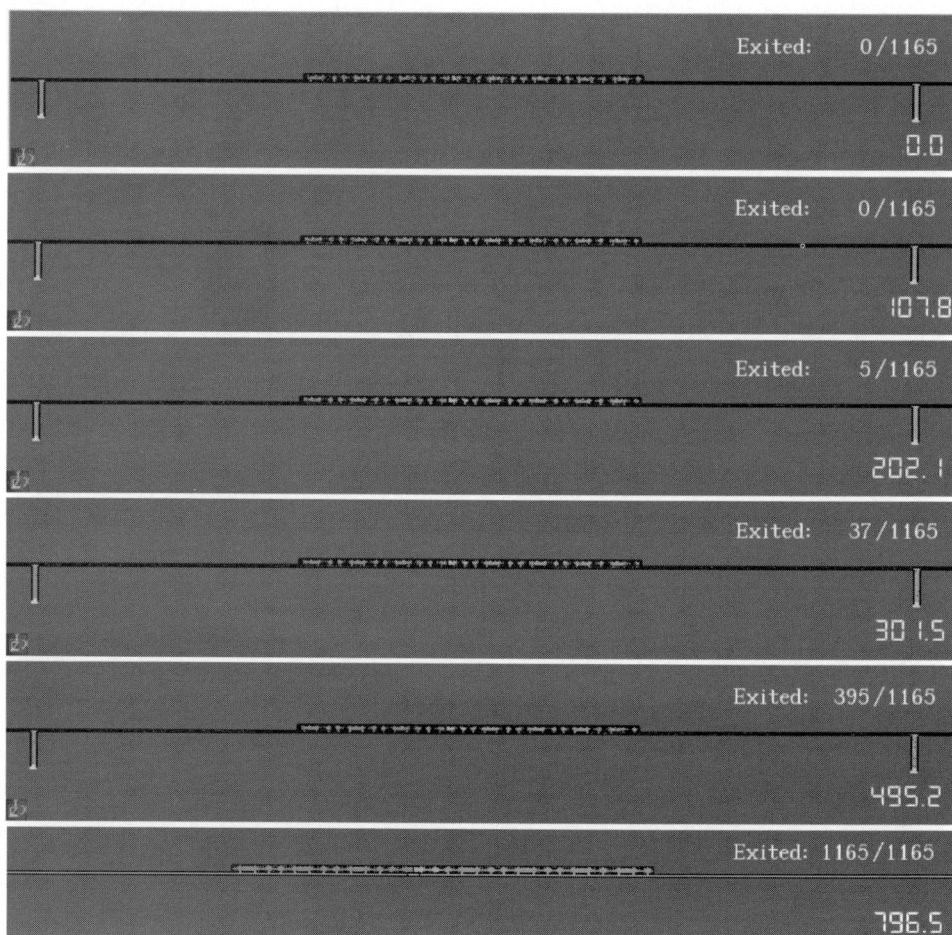

图 8-12　S5 工况下疏散过程图

（3）工况 S6 下联络通道间距为 600 m

S6 工况下疏散过程图如图 8-13 所示。通过对 600 m 联络通道的人员疏散过程的仿真模拟，得到各个时间的疏散过程及人员疏散的行走时间，具体过程如图 8-13 所示。人员从车厢疏散至联络通道处出现堵塞情况，最终疏散时间约为879 s。

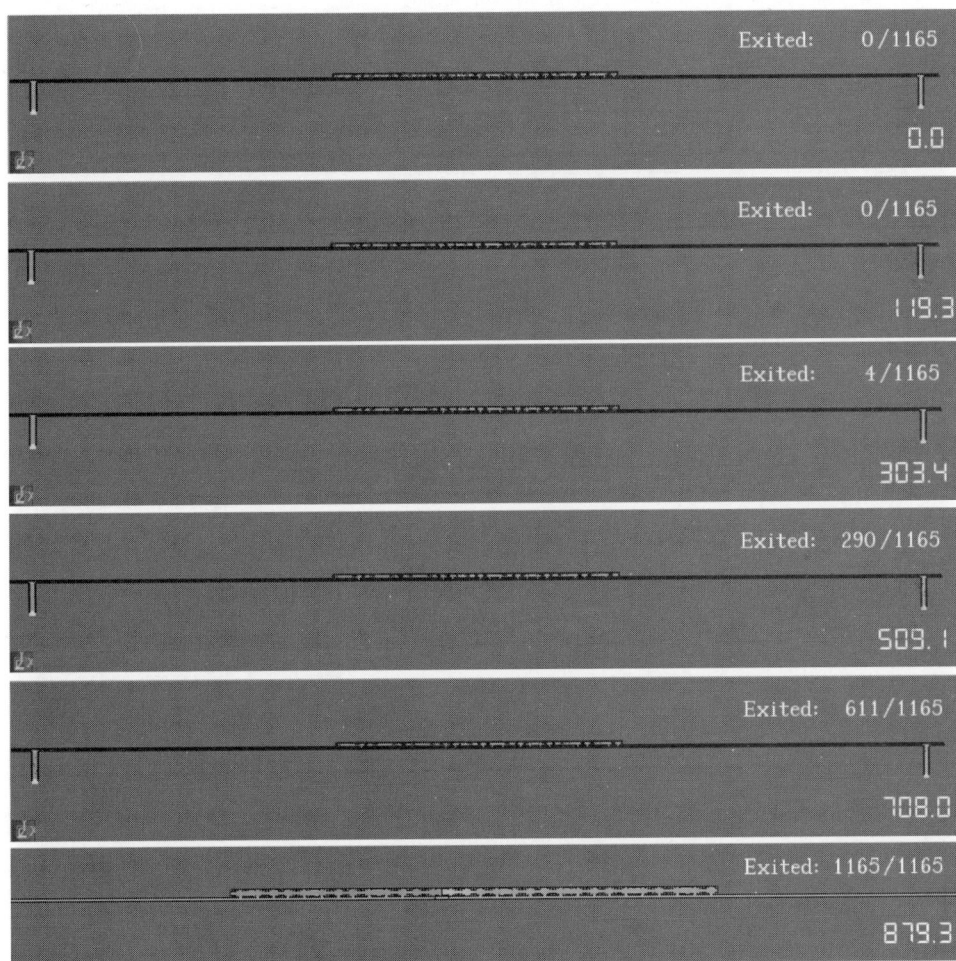

图 8-13　S6 工况下疏散过程图

不同联络通道参数人员疏散时间的模拟结果如表 8-4 所示。

表8-4　不同联络通道参数人员疏散时间的模拟结果

工况编号	联络通道间距/m	火源	疏散路径	人员全部疏散至联络通道内的时间/s
S1	100	第五节车厢	前四节车厢的人员向下游疏散，后四节车厢向上游疏散(不穿越火源)	258
S2	200			560
S3	300			647
S4	400			737
S5	500			796
S6	600			879

4. 疏散模式分析

为得到列车停靠在两联络通道之间时人员疏散的最佳模式，设置以下疏散模式进行模拟分析，模拟结果如表8-5所示。

表8-5　疏散模式模拟结果

工况编号	火源	疏散路径	人员疏散至联络通道或上游的时间/s
SS1	第五节车厢	下游四节车厢人员全部向下游疏散，其他车厢人员向上游疏散	641
SS2		下游后三节车厢人员向下游疏散，其他车厢人员向上游疏散	607
SS3		下游后两节车厢人员向下游疏散，其他车厢人员向上游疏散	475
SS4		下游最后一节车厢人员向下游疏散，其他车厢人员向上游疏散	350(端门：315)
SS5		所有车厢人员均向上游疏散	427

由模拟结果可以看出，发生火灾时，采用下游最后一节车厢人员向下游疏散，其他车厢人员向上游疏散的疏散模式，人员疏散至联络通道或上游的时间最短。

此外，为了验证列车端门的设置对疏散时间的影响，在疏散时间最短的两种疏散模式下开启列车端门，人员可以通过端门进行疏散，疏散时间为315 s。

5. 联络通道设计方案

地下区间隧道发生火灾时，人员疏散方案采用在隧道左右线间每隔600 m设置一个左右线间的联络通道和在联络通道两端设甲级防火门。

8.3.3　紧急出口

长大区间紧急出口的设计指标具体如下：

①紧急出口宜与区间风井结合设置，间距不大于 7 km。

②紧急出口在轨行区行车方向左侧宜设置宽度为 2.3 m 的疏散站台。

③紧急出口内设置不少于 1 个直通地面的防烟楼梯间，楼梯梯段宽度不小于1.8 m。

④紧急出口内地面应平整、稳固、不积水。

⑤紧急出口内设置防灾通风、应急照明、应急通信、广播、消防等设施；应急照明时间和照度，应根据人员疏散条件确定。

⑥紧急出口在轨行区设置信号标识，使事故列车在一定误差范围内停靠。

⑦紧急出口区域应设疏散指示标识，引导乘客疏散。

8.3.4　疏散救援定点

通过对上述长大铁路隧道疏散救援定点及紧急救援站的疏散救援作用的分析可知，在隧道中设置疏散救援定点后可以提高人员疏散救援效率，改善隧道内人员疏散的困境。因此，拟通过在隧道中设置疏散救援定点来实现以下疏散救援功能。

①具备类似车站的疏散功能：信号系统设置虚拟站台，使列车能够实现紧急状态下的准确停靠；设置一定规模、一定容纳能力的避难等待区，并提供正压送风及设置自动灭火设施、应急照明、应急通信、广播、疏散指示标识等。

②具备安全出口的功能：设置消防楼梯、电梯，为外部救援提供条件，消防员可通过消防电梯进入轨行区对列车进行灭火。救援定点的间距按人员在相邻隧道步行不超过 1 h 的距离，且运行少于一列列车共同确定。

③具备中间风井的功能：设置防灾通风，当火灾列车不能停靠在疏散救援定点时，相邻两个定点的风机联动，为着火区段提供上游环境。

④疏散救援定点可供后续阻塞列车疏散。

参考铁路隧道紧急救援站的设计要求及上述各长大铁路隧道"定点"及紧急救援站的具体设置方案，考虑在本段区间内结合区间风井设置 2 个疏散救援定点，并且在其疏散救援定点的隧道层设置必要的消防救援设施，从而增强本段区间内疏散救援定点的疏散救援能力。

长大区间疏散救援定点的设计指标具体如下：

①疏散救援定点应与中间风井结合设置。

②疏散救援定点的轨行区行车方向左侧宜设置宽度不小于 2.3 m 的疏散站台，并与区间隧道的疏散平台连接。

③疏散救援定点轨道层设置临时避难区，避难区应设置防烟措施、自动灭火设施；相邻隧道的疏散平台或救援站台可作为临时避难区。

④紧急救援区域的上行线一侧与下行线一侧设防火分隔措施，等待区与轨行

区之间设防火墙、防火门。

⑤避难区内设置不少于两个防烟楼梯间，其疏散宽度通过疏散时间计算确定、且不小于 1.4 m，其中一个应直通地面；防烟楼梯间宜双侧布置，避难区内任一点至防烟楼梯间的距离不大于 50 m；设置外部救援使用的消防电梯到达紧急救援站台，同时可供特殊疏散人员使用。

⑥疏散救援定点区域地面应平整、稳固、不积水。

⑦疏散救援定点应设置防灾通风、应急照明、应急通信、广播、消防等设施。应急照明时间和照度，应根据人员疏散条件确定；按地下车站标准配置室内消火栓；设专用调度电话。

⑧疏散救援定点区域的轨行区设置信号标识、在列车驾驶系统设置虚拟站台，使着火列车在一定误差范围内停止在定点；当着火列车的后续列车需要利用疏散救援定点疏散，列车应停靠在疏散救援定点的排烟风机后方，以保障火灾区段排烟的有效性。

⑨疏散救援定点及两端区间隧道停车范围应设疏散指示标识，引导人员尽快进入临时避难区。

8.4　人员安全疏散判定准则

隧道的使用者撤离到安全地带所花的时间（T_{RSET}）小于等于火势发展到超出人体耐受极限的时间（T_{ASET}），则表明达到人员生命安全的要求。

即保证安全疏散的判定准则为：

$$T_{RSET} < T_{ASET}$$

式中：T_{RSET} 指必需安全疏散时间，即隧道中人员从火灾发生至全部人员疏散到安全区域所需要的时间；T_{ASET} 指可用安全疏散时间，指开始出现人体不可忍受情况的时间，也称可用疏散时间或危险来临时间，即疏散人员开始出现生理或心理不可忍受情况的时间。

8.5　可用安全疏散时间

当列车发生火灾初期尚未启动风机时，烟气自由蔓延保持分层稳定性。但是隧道烟气蔓延过程中不断卷吸冷空气，导致烟气自由蔓延一定距离后也会降到人员疏散逃生的危险临界值。

根据美国《消防工程手册》、澳大利亚《消防工程师指南》和类似工程项目经验，隧道内人员安全疏散判据及准则主要是环境 2 m 高度处的：

①温度。
②能见度。

③CO 浓度。

依据类似工程经验及反复试验结果，能见度最先达到临界危险值，因此本研究将能见度作为参考指标。

澳大利亚《消防工程师指南》给出了适用于小空间和大空间的能见度临界值，如表 8-6 所示。大空间内为了确定疏散方向，人员需要看得更远，因此要求能见度更大。

表 8-6　大、小空间的能见度临界值

位置	小空间	大空间
能见度临界值/m	5	10

城市轨道交通长大区间隧道为长宽比较大的狭长空间，横断面尺寸有限，因此将能见度临界值设定为 5 m。可用安全疏散时间由疏散平台 2 m 高度处 5 m 能见度前锋在隧道内蔓延过程确定。

因此，本节主要通过数值模拟方法分析无风情况下疏散平台 2 m 高度处 5 m 能见度前锋蔓延过程，确定可用安全疏散时间。在研究过程中，模拟分析时间为 1500 s，若在此时间内疏散平台 2 m 高处能见度均未达到危险值，则可用安全疏散时间大于 1500 s。

（1）火源位于列车头部、内部

由图 8-14 可知，当列车头部、内部发生火灾时，下游的可用安全疏散时间为

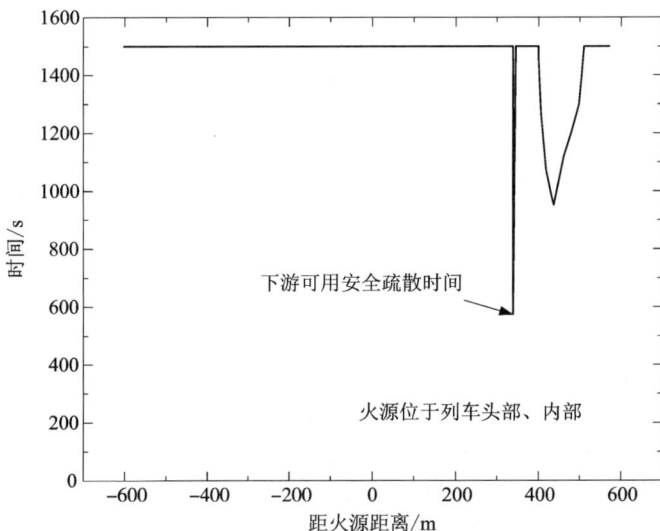

图 8-14　疏散平台 2 m 高度处 5 m 能见度前锋蔓延过程
（火源位于列车头部、内部）

574 s，上游不受烟气影响。此时，人员统一向上游疏散平台疏散，此种情况下可用安全疏散时间大于 1500 s。

（2）火源位于列车头部、顶部

由图 8-15 可知，当列车头部、顶部发生火灾时，火源下游受烟气影响较大，可用安全疏散时间约为 750 s，而上游受烟气影响较小，可用安全疏散时间大于 1400 s。此时，人员从车厢内部或疏散平台向上游方向疏散，下游烟气对人员的影响不作考虑，因此认为此种情况下人员可用安全疏散时间大于 1400 s。

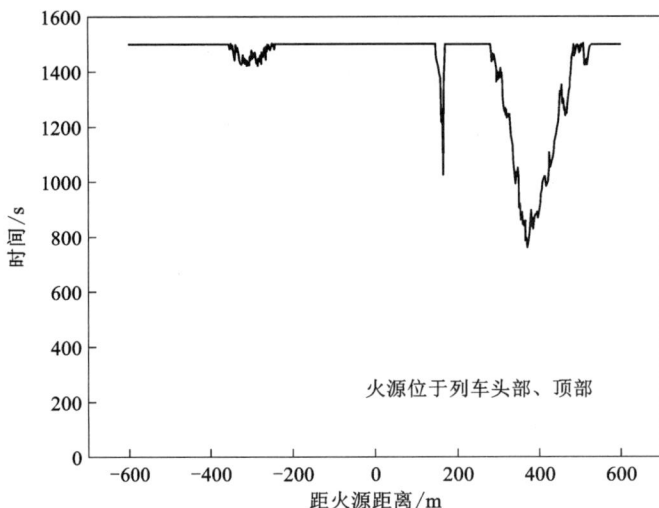

图 8-15　疏散平台 2 m 高度处 5 m 能见度前锋蔓延过程
（火源位于列车头部、顶部）

（3）火源位于列车中部、内部

由图 8-16 可知，当列车中部、内部发生火灾时，只有火源处的疏散平台受到烟气影响，在 1005 s 时出现危险，其他位置均不受烟气影响。此时，人员沿疏散平台向两端疏散，并不经过火源位置，因此认为此种情况下人员可用安全疏散时间大于 1500 s。

（4）火源位于列车中部、顶部

由图 8-17 可知，当列车中部、顶部发生火灾时，烟气沿隧道顶部对称蔓延，上游的可用安全疏散时间约为 1000 s，下游的可用安全疏散时间约为 960 s。此时，人员沿疏散平台向两端疏散，综合考虑上下游的可用安全疏散时间，认为此种情况下人员可用安全疏散时间为 960 s。

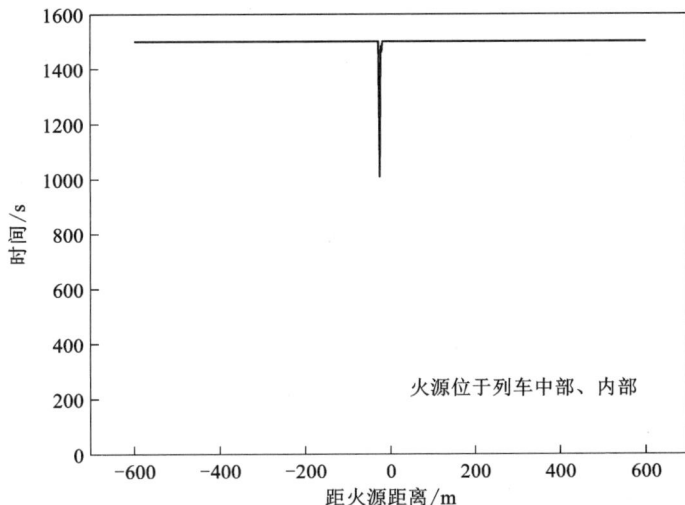

图 8-16　疏散平台 2 m 高度处 5 m 能见度前锋蔓延过程
（火源位于列车中部、内部）

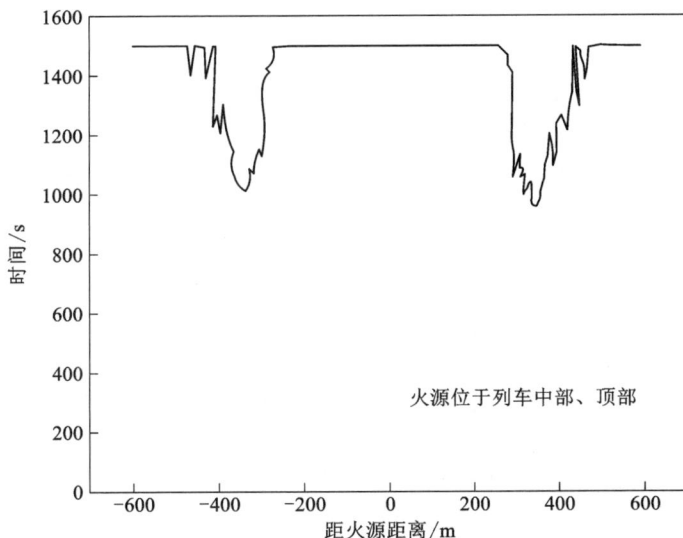

图 8-17　疏散平台 2 m 高度处 5 m 能见度前锋蔓延过程
（火源位于列车中部、顶部）

8.6　必需安全疏散时间

必需安全疏散时间（T_{RSET}）是指人员从火灾发生到疏散到安全区域所需要的时间，包括三个部分：火灾报警时间 T_a、疏散预动时间 T_p 和疏散行动时间 T_m。

$$T_{\text{RSET}} = T_{\text{a}} + T_{\text{p}} + T_{\text{m}} \qquad (8\text{-}1)$$

《地铁安全疏散规范》(GB/T 33668—2017)规定：预反应时间即报警、调度、接触轨断电时间及人员预动作时间之和，取 2 min。

针对不同的列车停靠位置进行模拟，分别假设火源位于列车内部的第五节车厢和第八节车厢及列车顶部的第五节和第八节车厢，得到人员行走时间及必需安全疏散时间。

各工况汇总表如表 8-7。

表 8-7　各工况汇总表

工况编号	疏散人数	列车停靠位置	火源		疏散路径
SH1	定员工况	两联络通道之间	第五节车厢		人员向上游疏散至离自己较近的出口
SI1		某一联络通道附近			
SJ1		紧急出口附近		列车内部	
SK1		疏散救援定点 1 附近			
SL1		疏散救援定点 2 附近			
SH2		两联络通道之间	第八节车厢		
SI2		某一联络通道附近			
SJ2		紧急出口附近			
SK2		疏散救援定点 1 附近			
SL2		疏散救援定点 2 附近			
Sh1	定员工况	两联络通道之间	第五节车厢		人员在车厢内行走疏散至上游离自己较近的出口
Si1		某一联络通道附近			
Sj1		紧急出口附近		列车顶部	
Sk1		疏散救援定点 1 附近			
Sl1		疏散救援定点 2 附近			
Sh2		两联络通道之间	第八节车厢		
Si2		某一联络通道附近			
Sj2		紧急出口附近			
Sk2		疏散救援定点 1 附近			
Sl2		疏散救援定点 2 附近			

续表8-7

工况编号	疏散人数	列车停靠位置	火源		疏散路径
SM1	超员工况	两联络通道之间	列车内部	第五节车厢	人员向上游疏散至离自己较近的出口
SN1		某一联络通道附近			
SO1		紧急出口附近			
SP1		疏散救援定点 1 附近			
SQ1		疏散救援定点 2 附近			
SM2		两联络通道之间		第八节车厢	
SN2		某一联络通道附近			
SO2		紧急出口附近			
SP2		疏散救援定点 1 附近			
SQ2		疏散救援定点 2 附近			
Sm1	超员工况	两联络通道之间	列车顶部	第五节车厢	人员在车厢内行走疏散至上游离自己较近的出口
Sn1		某一联络通道附近			
So1		紧急出口附近			
Sp1		疏散救援定点 1 附近			
Sq1		疏散救援定点 2 附近			
Sm2		两联络通道之间		第八节车厢	
Sn2		某一联络通道附近			
So2		紧急出口附近			
Sp2		疏散救援定点 1 附近			
Sq2		疏散救援定点 2 附近			

1. 工况 SH1——列车停靠在两联络通道之间

假设火灾发生在列车内部的第五节车厢中部，该疏散场景列车停靠在两个联络通道之间，列车左端部和下游联络通道的间距为 200 m，下游最后一节车厢人员向下游的联络通道进行疏散，其他七节车厢人员向上游的联络通道进行疏散。

通过对列车停靠在两联络通道之间的人员疏散过程的仿真模拟，得到各个时间的疏散过程及人员疏散的行走时间，具体过程如图 8-18 所示。最终人员疏散至下游联络通道或火源上游的时间约为 352 s。

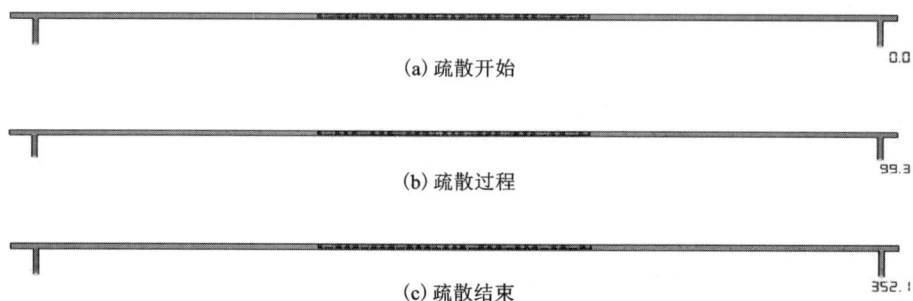

(a) 疏散开始　0.0

(b) 疏散过程　99.3

(c) 疏散结束　352.1

图 8-18　工况 SH1 疏散过程

2. 工况 SH2——列车停靠在两联络通道之间

假设火灾发生在列车内部的第八节车厢中部，该疏散场景列车停靠在两个联络通道之间，列车左端部和下游联络通道的间距为 200 m，人员向上游的联络通道进行疏散。

通过对列车停靠在两联络通道之间的人员疏散过程的仿真模拟，得到各个时间的疏散过程及人员疏散的行走时间，具体过程如图 8-19 所示。最终人员疏散至上游的时间约为 63 s。

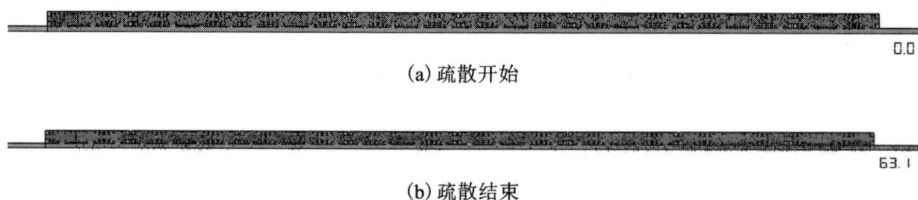

(a) 疏散开始　0.0

(b) 疏散结束　63.1

图 8-19　工况 SH2 疏散过程

3. 工况 Sh1——列车停靠在两联络通道之间

假设火灾发生在列车顶部的第五节车厢中部，该疏散场景列车停靠在两个联络通道之间，列车左端部和下游联络通道的间距为 200 m，人员向上游的联络通道进行疏散。

通过对列车停靠在两联络通道之间的人员疏散过程的仿真模拟，得到各个时间的疏散过程及人员疏散的行走时间，具体过程如图 8-20 所示。最终人员疏散至上游的时间约为 352 s。

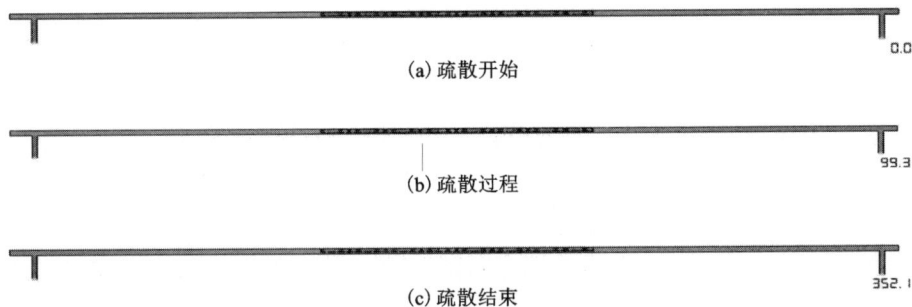

图 8-20　工况 Sh1 疏散过程

4. 工况 Sh2——列车停靠在两联络通道之间

假设火灾发生在列车顶部的第八节车厢中部，该疏散场景列车停靠在两个联络通道之间，列车左端部和下游联络通道的间距为 200 m，人员向上游的联络通道进行疏散。

通过对列车停靠在两联络通道之间的人员疏散过程的仿真模拟，得到各个时间的疏散过程及人员疏散的行走时间，具体过程如图 8-21 所示。最终人员疏散至上游的时间约为 78 s。

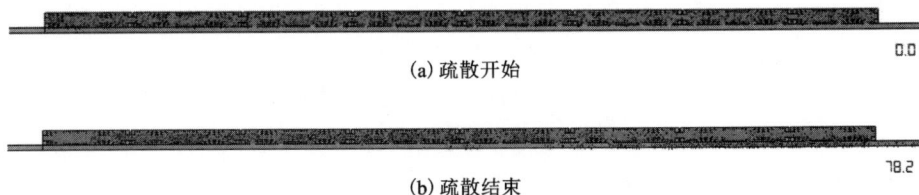

图 8-21　工况 Sh2 疏散过程

5. 工况 SI1——列车停靠在某一联络通道附近

假设火灾发生在列车内部的第五节车厢中部，该疏散场景列车停靠在某一联络通道附近，人员疏散至上游或最近的联络通道。

通过对列车停靠某一联络通道附近的人员疏散过程的仿真模拟，得到各个时间的疏散过程及人员疏散的行走时间，具体过程如图 8-22 所示。最终人员疏散至上游或最近的联络通道的疏散时间约为 480 s。

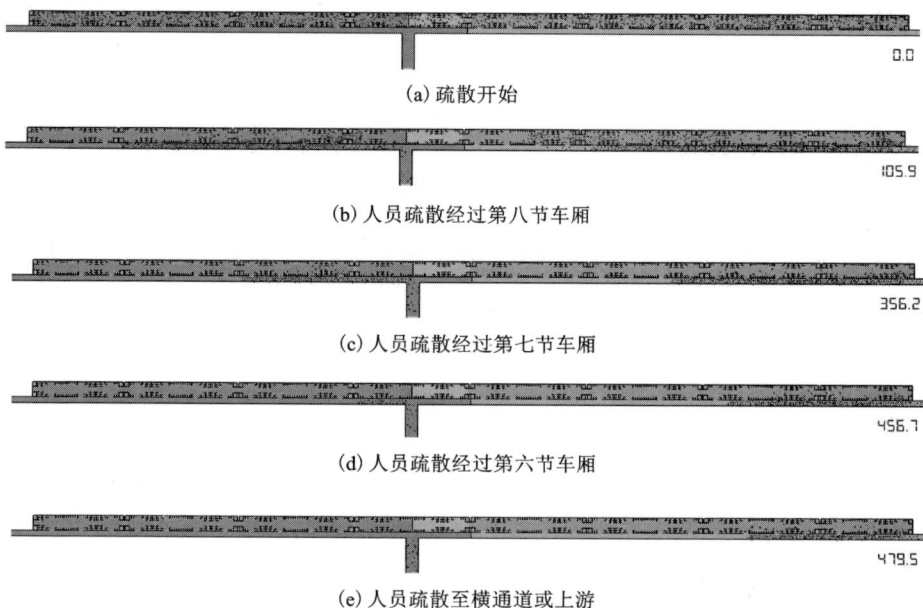

(a) 疏散开始

(b) 人员疏散经过第八节车厢

(c) 人员疏散经过第七节车厢

(d) 人员疏散经过第六节车厢

(e) 人员疏散至横通道或上游

图 8-22　工况 SI1 疏散过程

6. 工况 SI2——列车停靠在某一联络通道附近

假设火灾发生在列车内部的第八节车厢中部，该疏散场景列车停靠在某一联络通道附近，人员疏散至上游或最近的联络通道。

通过对列车停靠某一联络通道附近的人员疏散过程的仿真模拟，得到各个时间的疏散过程及人员疏散的行走时间，具体过程如图 8-23 所示。最终人员疏散至上游的时间约为 53 s。

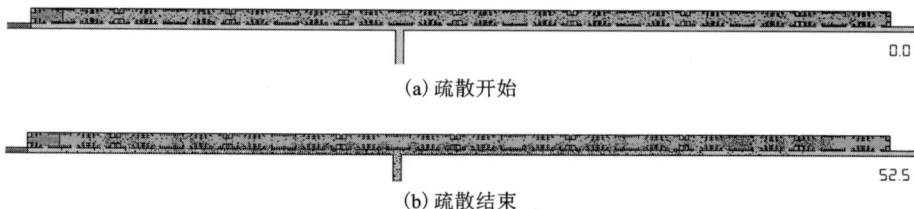

(a) 疏散开始

(b) 疏散结束

图 8-23　工况 SI2 疏散过程

7. 工况 Si1——列车停靠在某一联络通道附近

假设火灾发生在列车顶部的第五节车厢中部，该疏散场景列车停靠在某一联络通道附近，人员疏散至上游或最近的联络通道。

　　通过对列车停靠某一联络通道附近的人员疏散过程的仿真模拟，得到各个时间的疏散过程及人员疏散的行走时间，具体过程如图 8-24 所示。最终人员疏散至上游或最近的联络通道的疏散时间约为 378 s。

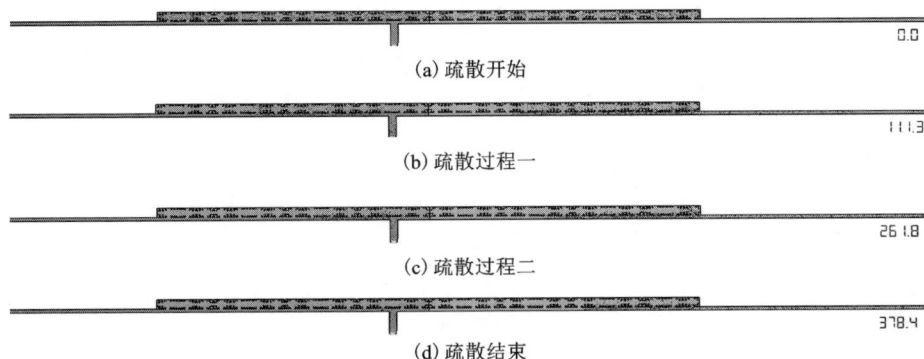

(a) 疏散开始

(b) 疏散过程一

(c) 疏散过程二

(d) 疏散结束

图 8-24　工况 Si1 疏散过程

8. 工况 Si2——列车停靠在某一联络通道附近

　　假设火灾发生在列车顶部的第八节车厢中部，该疏散场景列车停靠在某一联络通道附近，人员疏散至上游或最近的联络通道。

　　通过对列车停靠某一联络通道附近的人员疏散过程的仿真模拟，得到各个时间的疏散过程及人员疏散的行走时间，具体过程如图 8-25 所示。最终人员疏散至上游的时间约为 59 s。

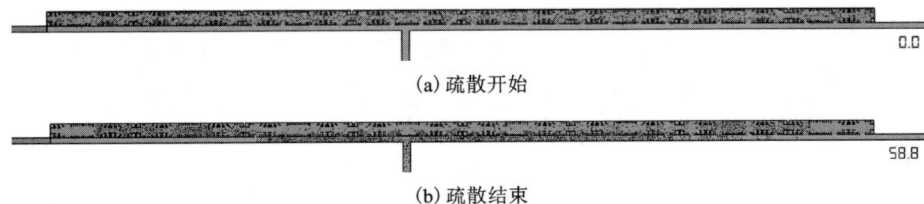

(a) 疏散开始

(b) 疏散结束

图 8-25　工况 Si2 疏散过程

9. 工况 SJ1(Sj1)——列车停靠在紧急出口附近

　　该疏散场景列车停靠在紧急出口附近，假设火灾发生在第五节车厢中部，车厢人员分别向离自己较近的出口疏散，所有人员疏散至楼梯前室、上游或对侧隧道。

　　通过对列车停靠在紧急出口附近的人员疏散过程的仿真模拟，得到各个时间的疏散过程及人员疏散的行走时间,具体过程如图 8-26 所示。最终所有列车人员疏散至楼梯前室、上游或对侧隧道的疏散时间约为 358 s。

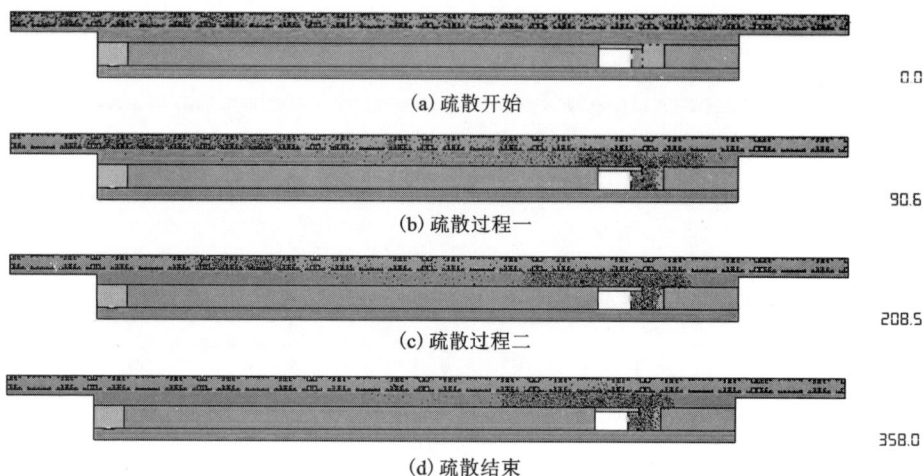

(a) 疏散开始   0.0

(b) 疏散过程一   90.6

(c) 疏散过程二   208.5

(d) 疏散结束   358.0

图 8-26　工况 SJ1(Sj1)疏散过程

10. 工况 SJ2(Sj2)——列车停靠在紧急出口附近

该疏散场景列车停靠在紧急出口附近,假设火灾发生在第八节车厢中部,人员不穿越火源,所有人员疏散至楼梯前室、上游或对侧隧道。

通过对列车停靠在紧急出口附近的人员疏散过程的仿真模拟,得到各个时间的疏散过程及人员疏散的行走时间,具体过程如图 8-27 所示。最终人员疏散至上游的时间约为 60 s。

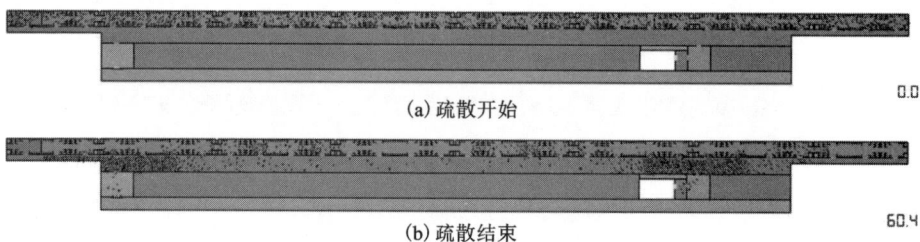

(a) 疏散开始   0.0

(b) 疏散结束   60.4

图 8-27　工况 SJ2(Sj2)疏散过程

11. 工况 SK1(Sk1)——列车停靠在疏散救援定点 1 附近

该疏散场景列车停靠在疏散救援定点 1 附近,假设火灾发生在第五节车厢中部,所有人员疏散至疏散救援定点避难区。

通过对列车停靠在疏散救援定点 1 附近的人员疏散过程的仿真模拟, 得到各个时间的疏散过程及人员疏散的行走时间, 具体过程如图 8-28 所示。最终人员疏散至临时避难区疏散时间约为 156 s。

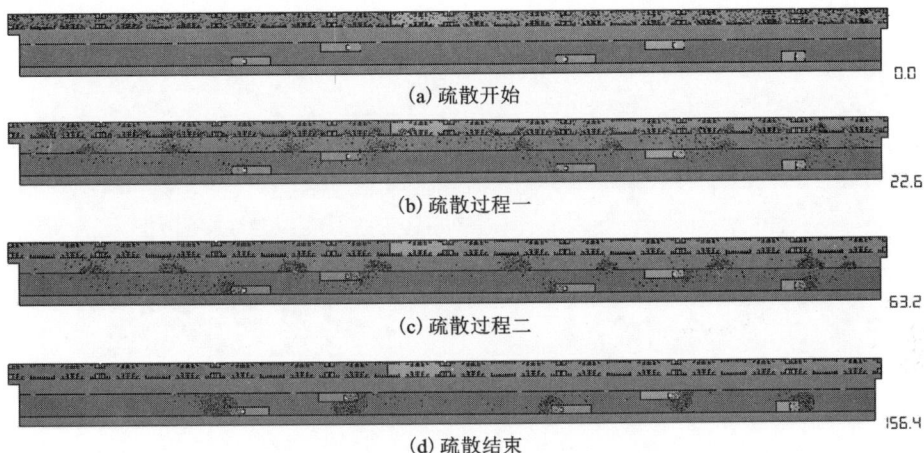

(a) 疏散开始

(b) 疏散过程一

(c) 疏散过程二

(d) 疏散结束

图 8-28　工况 SK1(Sk1) 疏散过程

12. 工况 SK2(Sk2)——列车停靠在疏散救援定点 1 附近

该疏散场景列车停靠在疏散救援定点 1 附近, 假设火灾发生在第八节车厢中部, 所有人员疏散至疏散救援定点避难区。

通过对列车停靠在疏散救援定点 1 附近的人员疏散过程的仿真模拟, 得到各个时间的疏散过程及人员疏散的行走时间, 具体过程如图 8-29 所示。最终人员疏散至临时避难区的时间约为 70 s。

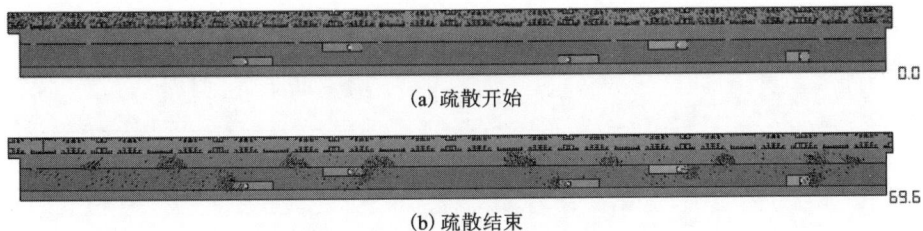

(a) 疏散开始

(b) 疏散结束

图 8-29　工况 SK2(Sk2) 疏散过程

13. 工况 SL1(Sl1)——列车停靠在疏散救援定点 2 附近

该疏散场景列车停靠在疏散救援定点 2 附近, 假设火灾发生在第五节车厢中部，所有人员疏散至临时避难区。

通过对列车停靠在疏散救援定点 2 附近的人员疏散过程的仿真模拟，得到各个时间的疏散过程及人员疏散的行走时间，具体过程如图 8-30 所示。最终人员疏散至临时避难区的时间约为 158 s。

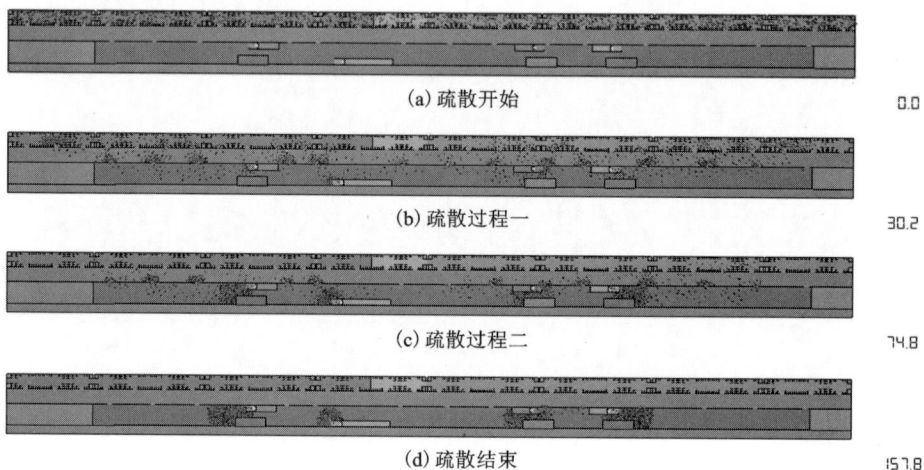

(a) 疏散开始   0.0

(b) 疏散过程一   30.2

(c) 疏散过程二   74.8

(d) 疏散结束   157.8

图 8-30　工况 SL1(Sl1) 疏散过程

14. 工况 SL2(Sl2)——列车停靠在疏散救援定点 2 附近

该疏散场景列车停靠在疏散救援定点 2 附近，假设火灾发生在第八节车厢中部，所有人员疏散至临时避难区。

通过对列车停靠在疏散救援定点 2 附近的人员疏散过程的仿真模拟，得到各个时间的疏散过程及人员疏散的行走时间，具体过程如图 8-31 所示。最终人员疏散至临时避难区的时间约为 49 s。

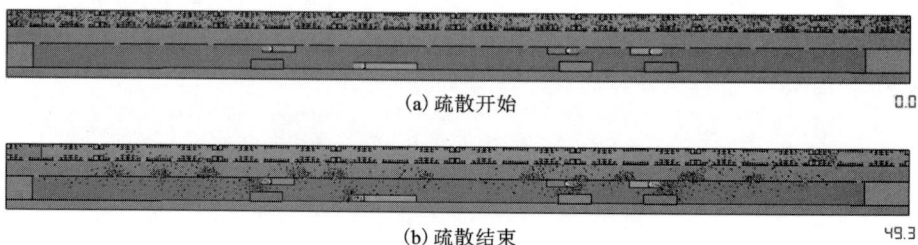

(a) 疏散开始   0.0

(b) 疏散结束   49.3

图 8-31　工况 SL2(Sl2) 疏散过程

15. 工况 SM1——列车停靠在两联络通道之间

假设火灾发生在列车内部的第五节车厢中部，该疏散场景列车停靠在两个联络通道之间，列车左端部和下游联络通道的间距为 200 m，火源下游最后两节车厢的人员向下游的联络通道进行疏散，其他车厢的人员向上游进行疏散。

通过对列车停靠在两联络通道之间的人员疏散过程的仿真模拟，得到各个时间的疏散过程及人员疏散的行走时间，具体过程如图 8-32 所示。最终人员疏散至下游联络通道或火源上游的时间约为 602 s。

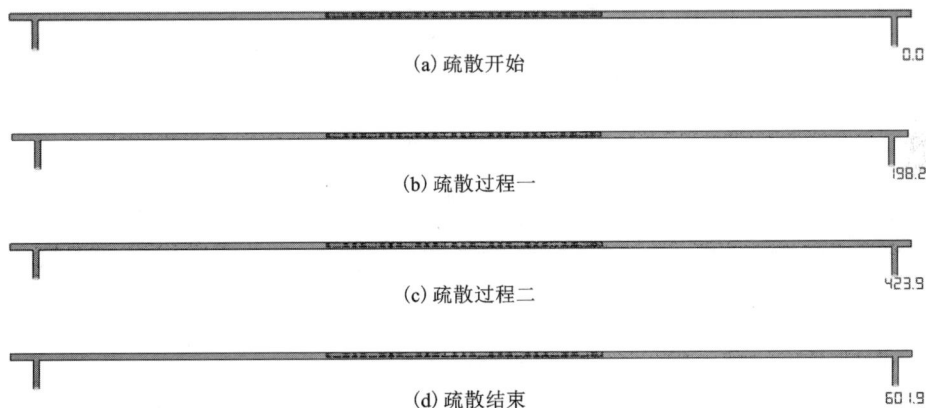

(a) 疏散开始　　0.0

(b) 疏散过程一　　198.2

(c) 疏散过程二　　423.9

(d) 疏散结束　　604.9

图 8-32　工况 SM1 疏散过程

16. 工况 SM2——列车停靠在两联络通道之间

假设火灾发生在列车内部的第八节车厢中部，该疏散场景列车停靠在两个联络通道之间，列车左端部和下游联络通道的间距为 200 m，人员向上游的联络通道进行疏散。

通过对列车停靠在两联络通道之间的人员疏散过程的仿真模拟，得到各个时间的疏散过程及人员疏散的行走时间，具体过程如图 8-33 所示。最终人员疏散至上游的时间约为 82 s。

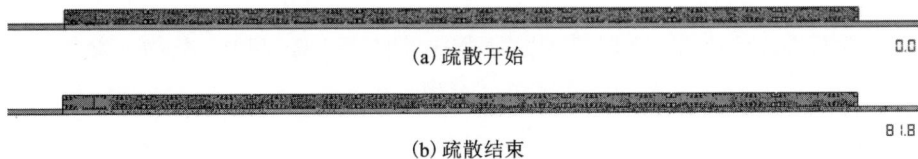

(a) 疏散开始　　0.0

(b) 疏散结束　　81.8

图 8-33　工况 SM2 疏散过程

17. 工况 Sm1——列车停靠在两联络通道之间

假设火灾发生在列车顶部的第五节车厢中部，该疏散场景列车停靠在两个联络通道之间，列车左端部和下游联络通道的间距为 200 m，人员向上游的联络通道进行疏散。

通过对列车停靠在两联络通道之间的人员疏散过程的仿真模拟，得到各个时间的疏散过程及人员疏散的行走时间，具体过程如图 8-34 所示。最终人员疏散至上游的时间约为 755 s。

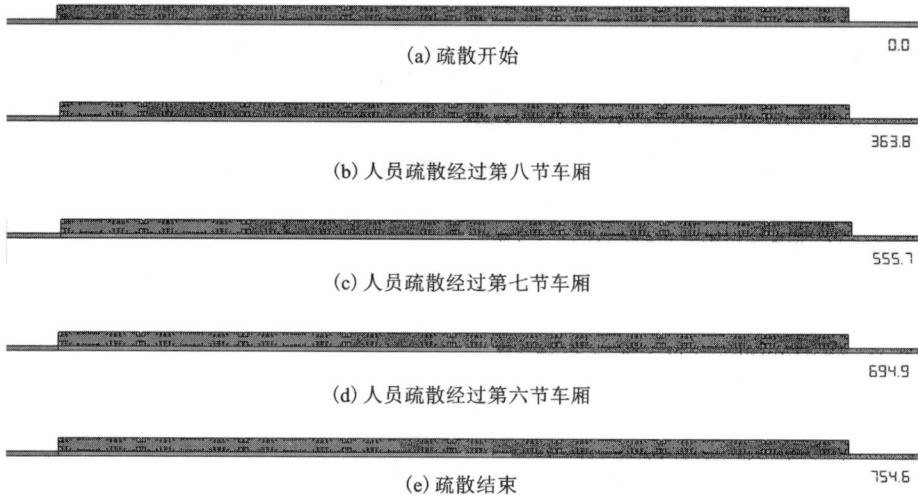

(a) 疏散开始　0.0

(b) 人员疏散经过第八节车厢　363.8

(c) 人员疏散经过第七节车厢　555.7

(d) 人员疏散经过第六节车厢　694.9

(e) 疏散结束　754.6

图 8-34　工况 Sm1 疏散过程

18. 工况 Sm2——列车停靠在两联络通道之间

假设火灾发生在列车顶部的第八节车厢中部，该疏散场景列车停靠在两个联络通道之间，列车左端部和下游联络通道的间距为 200 m，人员向上游的联络通道进行疏散。

通过对列车停靠在两联络通道之间的人员疏散过程的仿真模拟，得到各个时间的疏散过程及人员疏散的行走时间，具体过程如图 8-35 所示。最终人员疏散至上游的时间约为 186 s。

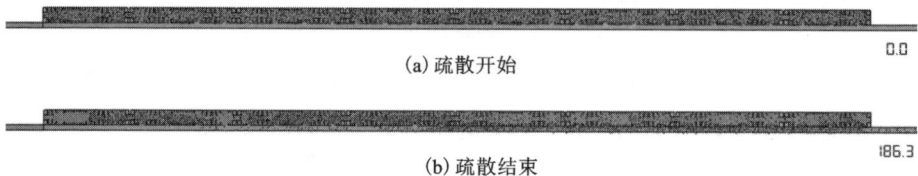

(a) 疏散开始　0.0

(b) 疏散结束　186.3

图 8-35　工况 Sm2 疏散过程

19. 工况 SN1——列车停靠在某一联络通道附近

假设火灾发生在列车内部的第五节车厢中部,该疏散场景列车停靠在某一联络通道附近,人员向上游或最近的联络通道疏散。

通过对列车停靠某一联络通道附近的人员疏散过程的仿真模拟,得到各个时间的疏散过程及人员疏散的行走时间,具体过程如图 8-36 所示。最终人员行走至联络通道或上游的疏散时间约为 717 s。

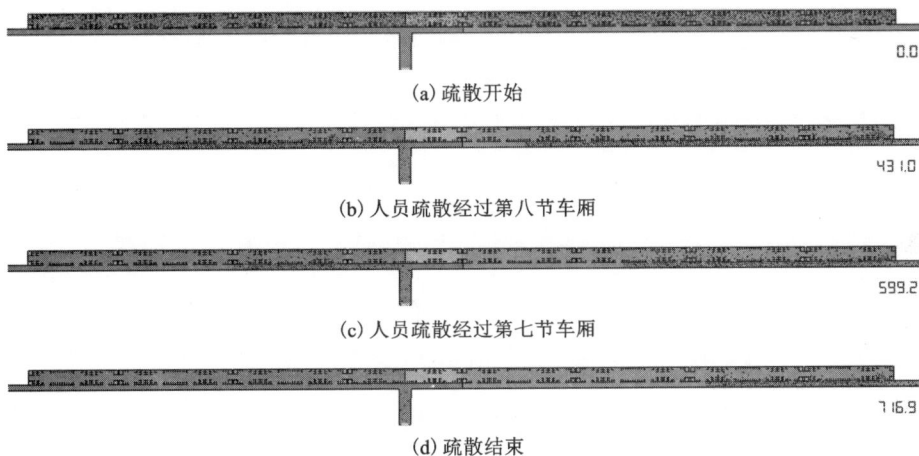

(a) 疏散开始

0.0

(b) 人员疏散经过第八节车厢

431.0

(c) 人员疏散经过第七节车厢

599.2

(d) 疏散结束

716.9

图 8-36　工况 SN1 疏散过程

20. 工况 SN2——列车停靠在某一联络通道附近

假设火灾发生在列车内部的第八节车厢中部,该疏散场景列车停靠在某一联络通道附近,人员向上游或最近的联络通道疏散。

通过对列车停靠某一联络通道附近的人员疏散过程的仿真模拟,得到各个时间的疏散过程及人员疏散的行走时间,具体过程如图 8-37 所示。人员疏散到邻近的联络通道需要较长时间,最终人员行走疏散时间约为 113 s。

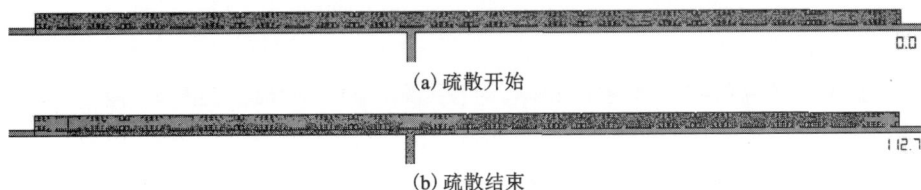

(a) 疏散开始

0.0

(b) 疏散结束

112.7

图 8-37　工况 SN2 疏散过程

21. 工况 Sn1——列车停靠在某一联络通道附近

假设火灾发生在列车顶部、第五节车厢中部，该疏散场景列车停靠在某一联络通道附近，人员向上游或最近的联络通道疏散。

通过对列车停靠某一联络通道附近的人员疏散过程的仿真模拟，得到各个时间的疏散过程及人员疏散的行走时间，具体过程如图 8-38 所示。最终人员行走至联络通道或上游的疏散时间约为 827 s。

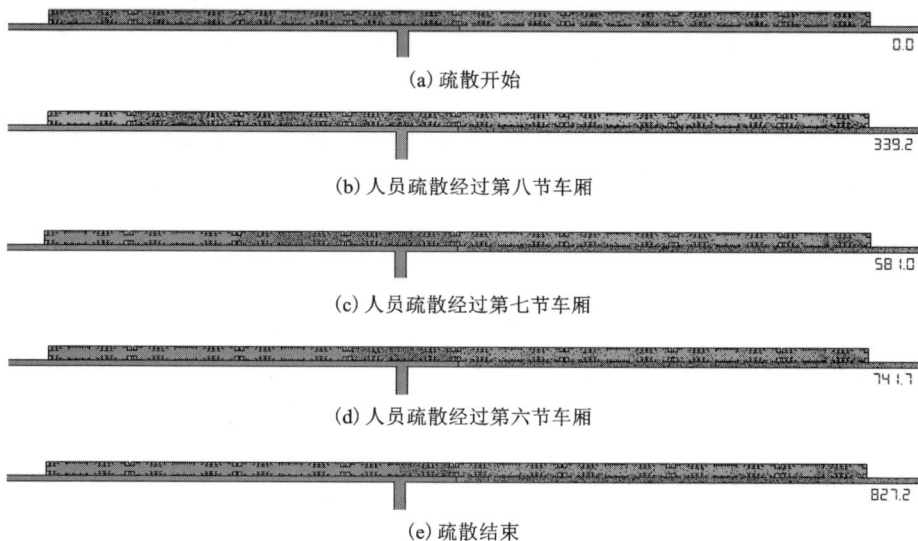

(a) 疏散开始

(b) 人员疏散经过第八节车厢

(c) 人员疏散经过第七节车厢

(d) 人员疏散经过第六节车厢

(e) 疏散结束

图 8-38　工况 Sn1 疏散过程

22. 工况 Sn2——列车停靠在某一联络通道附近

假设火灾发生在列车顶部的第八节车厢中部，该疏散场景列车停靠在某一联络通道附近，人员向上游或最近的联络通道疏散。

通过对列车停靠某一联络通道附近的人员疏散过程的仿真模拟，得到各个时间的疏散过程及人员疏散的行走时间，具体过程如图 8-39 所示。人员疏散到邻近的联络通道需要较长时间，最终人员行走疏散时间约为 138 s。

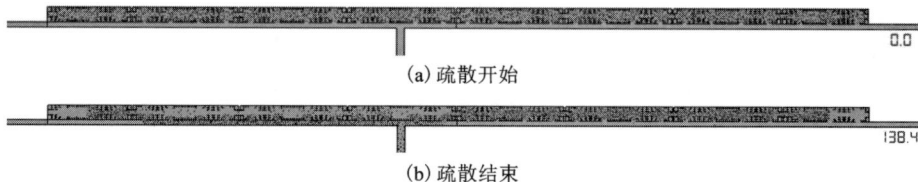

(a) 疏散开始

(b) 疏散结束

图 8-39　工况 Sn2 疏散过程

23. 工况 SO1(So1)——列车停靠在紧急出口附近

该疏散场景列车停靠在紧急出口附近,假设火灾发生在第五节车厢中部,人员不穿越火源,所有人员疏散至上游或最近的联络通道。

通过对列车停靠在紧急出口附近的人员疏散过程的仿真模拟,得到各个时间的疏散过程及人员疏散的行走时间,具体过程如图 8-40 所示。最终人员疏散至楼梯前室、上游的疏散时间约为 754 s。

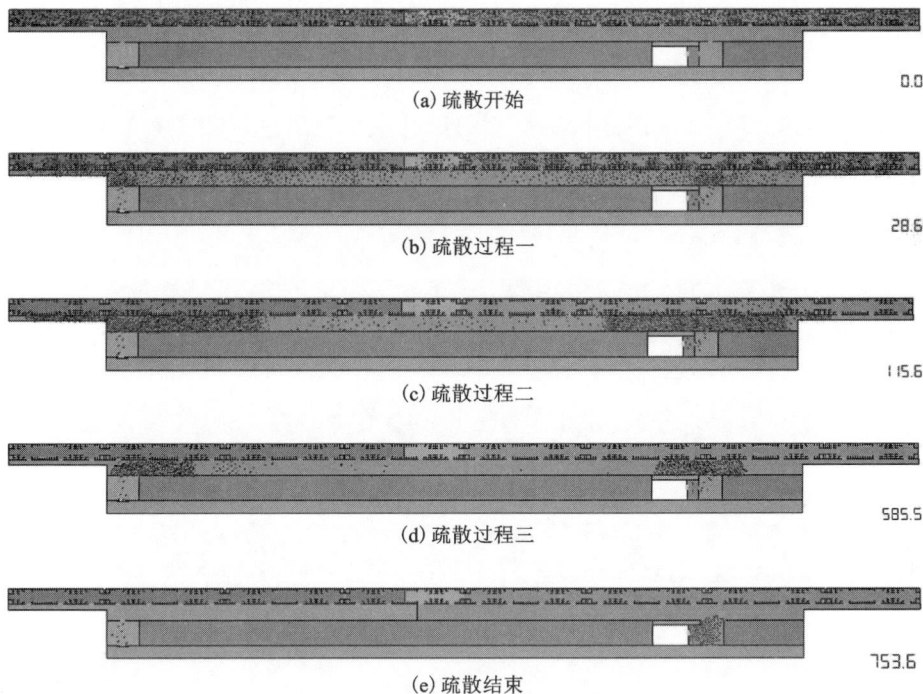

(a) 疏散开始 　0.0

(b) 疏散过程一 　28.6

(c) 疏散过程二 　115.6

(d) 疏散过程三 　585.5

(e) 疏散结束 　753.6

图 8-40　工况 SO1(So1)疏散过程

24. 工况 SO2(So2)——列车停靠在紧急出口附近

该疏散场景列车停靠在紧急出口附近,假设火灾发生在第八节车厢中部,人员不穿越火源,车厢人员分别向离自己较近的出口疏散。

通过对列车停靠在紧急出口附近的人员疏散过程的仿真模拟,得到各个时间的疏散过程及人员疏散的行走时间,具体过程如图 8-41 所示。最终人员疏散至上游的时间约为 87 s。

25. 工况 SP1(Sp1)——列车停靠在疏散救援定点 1 附近

该疏散场景列车停靠在疏散救援定点 1 附近,假设火灾发生在第五节车厢中部,人员向临时避难区疏散。

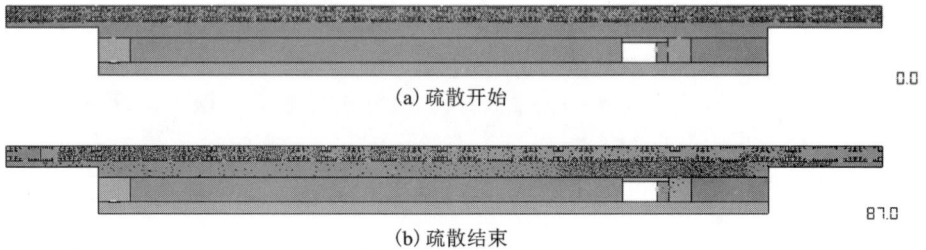

(a) 疏散开始

0.0

(b) 疏散结束

87.0

图 8-41　工况 SO2(So2)疏散过程

通过对列车停靠在疏散救援定点 1 附近的人员疏散过程的仿真模拟,得到各个时间的疏散过程及人员疏散的行走时间,具体过程如图 8-42 所示。最终人员疏散至临时避难区的时间约为 237 s。

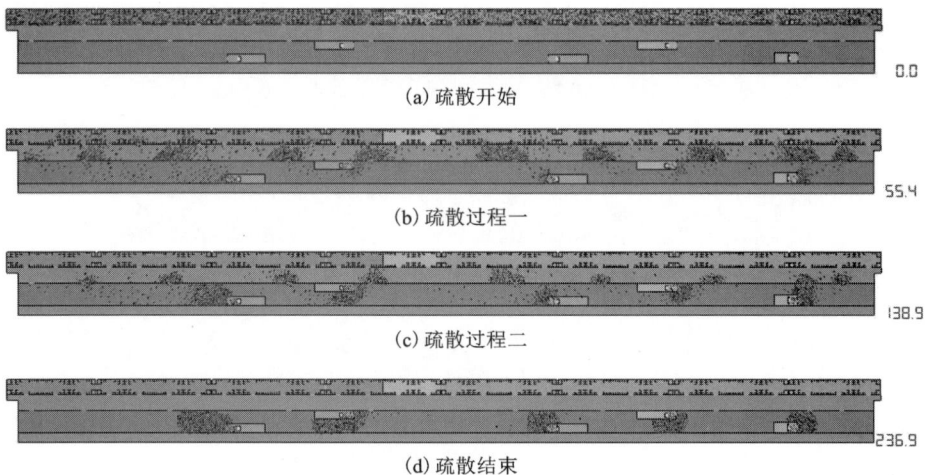

(a) 疏散开始

0.0

(b) 疏散过程一

55.4

(c) 疏散过程二

138.9

(d) 疏散结束

236.9

图 8-42　工况 SP1(Sp1)疏散过程

26. 工况 SP2(Sp2)——列车停靠在疏散救援定点 1 附近

该疏散场景列车停靠在疏散救援定点 1 附近,假设火灾发生在第八节车厢中部,人员向临时避难区疏散。

通过对列车停靠在疏散救援定点 1 附近的人员疏散过程的仿真模拟,得到各个时间的疏散过程及人员疏散的行走时间,具体过程如图 8-43 所示。最终人员疏散至上游或临时避难区的时间约为 133 s。

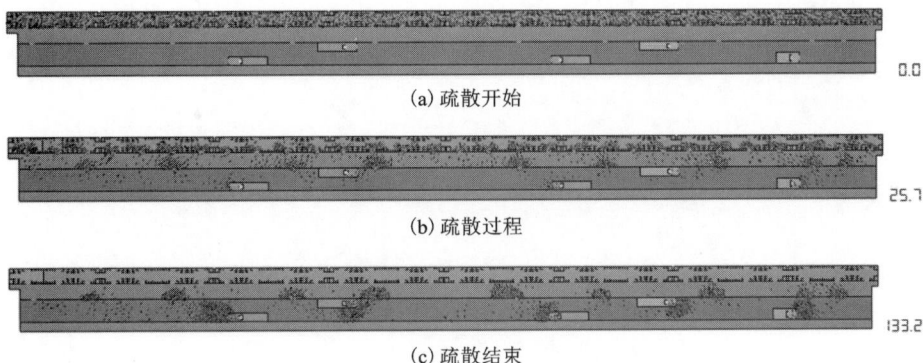

(a) 疏散开始

(b) 疏散过程

(c) 疏散结束

图 8-43 工况 SP2(Sp2)疏散过程

27. 工况 SQ1(Sq1)——列车停靠在疏散救援定点 2 附近

该疏散场景列车停靠在疏散救援定点 2 附近，假设火灾发生在第五节车厢中部，人员疏散至临时避难区。

通过对列车停靠在疏散救援定点 2 附近的人员疏散过程的仿真模拟，得到各个时间的疏散过程及人员疏散的行走时间，具体过程如图 8-44 所示。最终人员疏散至临时避难区的时间约为 254 s。

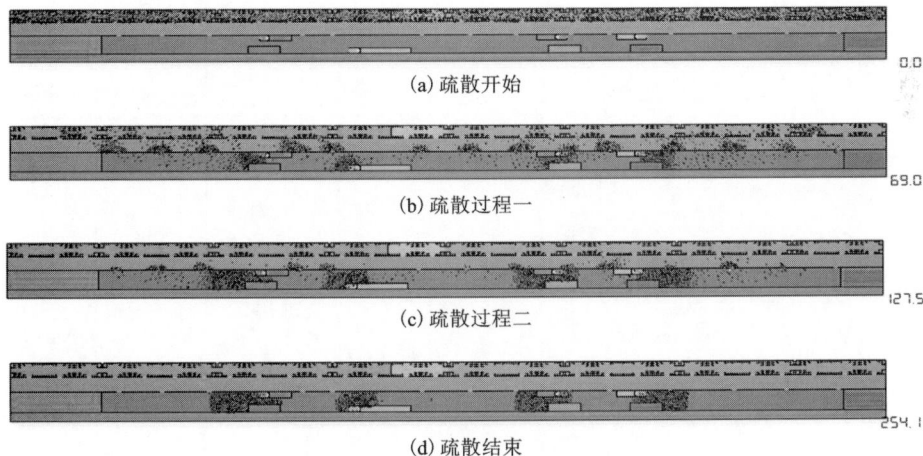

(a) 疏散开始

(b) 疏散过程一

(c) 疏散过程二

(d) 疏散结束

图 8-44 工况 SQ1(Sq1)疏散过程

28. 工况 SQ2(Sq2)——列车停靠在疏散救援定点 2 附近

该疏散场景列车停靠在疏散救援定点 2 附近，假设火灾发生在第八节车厢中部，人员疏散至临时避难区。

通过对列车停靠在疏散救援定点 2 附近的人员疏散过程的仿真模拟，得到各个时间的疏散过程及人员疏散的行走时间，具体过程如图 8-45 所示。最终人员疏散至上游的时间约为 91 s。

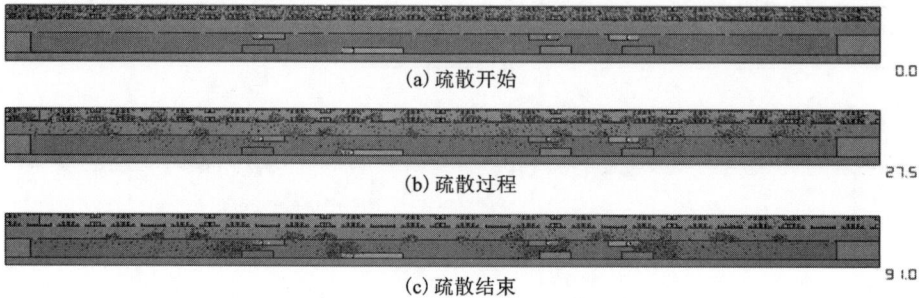

(a) 疏散开始   0.0

(b) 疏散过程   27.5

(c) 疏散结束   91.0

图 8-45　工况 SQ2(Sq2)疏散过程

各工况汇总表见表 8-8。

表 8-8　各工况汇总表

工况编号	疏散人数	列车停靠位置	火源		疏散路径	疏散行动时间/s	必需安全疏散时间/s
SH1	定员工况	两联络通道之间	列车内部	第五节车厢	人员向上游疏散至离自己较近的出口	352	472
SI1		某一联络通道附近				480	600
SJ1		紧急出口附近				358	478
SK1		疏散救援定点 1 附近				156	276
SL1		疏散救援定点 2 附近				158	278
SH2		两联络通道之间		第八节车厢		63	183
SI2		某一联络通道附近				53	173
SJ2		紧急出口附近				60	180
SK2		疏散救援定点 1 附近				70	190
SL2		疏散救援定点 2 附近				49	169

续表8-8

工况编号	疏散人数	列车停靠位置	火源		疏散路径	疏散行动时间/s	必需安全疏散时间/s
Sh1	定员工况	两联络通道之间	列车顶部	第五节车厢	人员在车厢内行走疏散至上游离自己较近的出口	352	472
Si1		某一联络通道附近				378	498
Sj1		紧急出口附近				358	478
Sk1		疏散救援定点1附近				156	276
Sl1		疏散救援定点2附近				158	300
Sh2		两联络通道之间		第八节车厢		78	198
Si2		某一联络通道附近				59	179
Sj2		紧急出口附近				60	180
Sk2		疏散救援定点1附近				70	190
Sl2		疏散救援定点2附近				49	169
SM1	超员工况	两联络通道之间	列车内部	第五节车厢	人员向上游疏散至离自己较近的出口	602	722
SN1		某一联络通道附近				717	837
SO1		紧急出口附近				754	874
SP1		疏散救援定点1附近				237	357
SQ1		疏散救援定点2附近				254	374
SM2		两联络通道之间		第八节车厢		82	202
SN2		某一联络通道附近				113	233
SO2		紧急出口附近				87	207
SP2		疏散救援定点1附近				133	253
SQ2		疏散救援定点2附近				91	211
Sm1	超员工况	两联络通道之间	列车顶部	第五节车厢	人员在车厢内行走疏散至上游离自己较近的出口	755	875
Sn1		某一联络通道附近				827	947
So1		紧急出口附近				754	874
Sp1		疏散救援定点1附近				237	357
Sq1		疏散救援定点2附近				254	374
Sm2		两联络通道之间		第八节车厢		186	306
Sn2		某一联络通道附近				138	258
So2		紧急出口附近				87	207
Sp2		疏散救援定点1附近				133	253
Sq2		疏散救援定点2附近				91	211

8.7 人员疏散安全性分析

人员疏散安全性判定见表8-9。

表8-9 人员疏散安全性判定

工况编号	疏散人数	列车停靠位置	火源		疏散路径	必需安全疏散时间/s	可用安全疏散时间/s	安全判定
SH1	定员工况	两联络通道之间	列车内部	第五节车厢	人员向上游疏散至离自己较近的出口	472	>1500	安全
SI1		某一联络通道附近				600		安全
SJ1		紧急出口附近				478		安全
SK1		疏散救援定点1附近				276		安全
SL1		疏散救援定点2附近				278		安全
SH2		两联络通道之间		第八节车厢		183	>1500	安全
SI2		某一联络通道附近				173		安全
SJ2		紧急出口附近				180		安全
SK2		疏散救援定点1附近				190		安全
SL2		疏散救援定点2附近				169		安全
Sh1	定员工况	两联络通道之间	列车顶部	第五节车厢	人员在车厢内行走疏散至上游离自己较近的出口	472	>960	安全
Si1		某一联络通道附近				498		安全
Sj1		紧急出口附近				478		安全
Sk1		疏散救援定点1附近				276		安全
Sl1		疏散救援定点2附近				300		安全
Sh2		两联络通道之间		第八节车厢		198	>1400	安全
Si2		某一联络通道附近				179		安全
Sj2		紧急出口附近				180		安全
Sk2		疏散救援定点1附近				190		安全
Sl2		疏散救援定点2附近				169		安全

续表8-9

工况编号	疏散人数	列车停靠位置	火源		疏散路径	必需安全疏散时间/s	可用安全疏散时间/s	安全判定
SM1	超员工况	两联络通道之间	列车内部	第五节车厢	人员向上游疏散至离自己较近的出口	722	>1500	安全
SN1		某一联络通道附近				837		安全
SO1		紧急出口附近				874		安全
SP1		疏散救援定点1附近				357		安全
SQ1		疏散救援定点2附近				374		安全
SM2		两联络通道之间		第八节车厢		202	>1500	安全
SN2		某一联络通道附近				233		安全
SO2		紧急出口附近				207		安全
SP2		疏散救援定点1附近				253		安全
SQ2		疏散救援定点2附近				211		安全
Sm1	超员工况	两联络通道之间	列车顶部	第五节车厢	人员在车厢内行走疏散至上游离自己较近的出口	875	>960	安全
Sn1		某一联络通道附近				947		安全
So1		紧急出口附近				874		安全
Sp1		疏散救援定点1附近				357		安全
Sq1		疏散救援定点2附近				374		安全
Sm2		两联络通道之间		第八节车厢		306	>1400	安全
Sn2		某一联络通道附近				258		安全
So2		紧急出口附近				207		安全
Sp2		疏散救援定点1附近				253		安全
Sq2		疏散救援定点2附近				211		安全

由表 8-9 可以得到以下结论：

①定员工况：在不同停靠位置和不同火源位置的情况下，人员均能在烟气对人体造成威胁之前疏散至上游或最近的出口处，即可认为人员能够安全疏散。

②超员工况：在不同停靠位置和不同火源位置的情况下，人员均能在烟气对人体造成威胁之前疏散至上游或最近的出口处，即可认为人员能够安全疏散。

第9章

城市轨道交通长大区间人员疏散策略与应急预案研究

9.1 前言

结合对城市轨道交通长大区间疏散救援设计及安全性的研究，提出城市轨道交通长大区间疏散救援设计原则、城市轨道交通长大区间人员疏散策略及城市轨道交通长大区间应急预案。

9.2 疏散救援设计原则

参考国内外类似工程案例的区间隧道疏散救援设计要点，从实际出发对长大区间隧道疏散救援设计制定了如下基本原则。

(1)规范适用原则

运营管理上属于地铁工程，但区间隧道长度、行车速度、列车选型上与城际铁路类似，其防火设计标准应参照上述两种规范体系。

(2)长大区间隧道内只考虑发生一处火灾

列车在区间隧道内运行，其发生火灾并停靠在区间内部为低概率事件。《地铁设计防火标准》(GB 51298—2018)第 1.0.3 条，一条线路、一座换乘车站及相邻区间的防火设计可按同一时间发生一处火灾考虑。同时，对于其他灾害，如断电，列车追尾事故等也不考虑与列车火灾事故同时发生。

(3)优先采用车站/疏散救援定点救援

①列车在区间隧道发生火灾时，应优先选择将列车行驶到前方车站或疏散救援定点，在车站或疏散救援定点组织疏散和救援。

②当列车在隧道内发生火灾且难以移动时，应迅速启动火灾应急预案，在区间内尽快实施疏散和救援。

（4）保障大多数乘客处于起火车厢上游，且就近疏散乘客

根据着火车厢位置，启动隧道纵向排烟，排烟方案应根据司机报告的着火车厢位置，选择相应的排烟模式，保障大多数乘客处于起火点的上游，人员逆风向火灾上游进行疏散，或就近利用联络通道和安全出口进行疏散。

（5）系统联动原则

①对侧隧道内的列车在事故发生后应联动降速，车速应下降至不会对疏散平台人员人身安全造成威胁的范围之内。

②控制中心启动应急预案，协调救援列车进入。

③工程运营管理中涉及的各个部门应共同联合制定合理有效的应急预案，在事故发生时各部门应相互配合，确保预案的完全响应。

9.3　人员疏散策略

1. 人员疏散策略

首先，乘客进入车厢后，一定要对其内部设施和结构布局进行观察，熟记安全出口的位置。

其次，将灭火与逃生相结合。发现火情后，应首先报警，然后寻找附近的灭火器材进行灭火，力求把初起之火控制在最小范围内，并采取一切可能的措施将其扑灭。如行进的车厢内着火，应一边组织灭火，一边将老、弱、妇、幼等社会弱势人群先行疏散至别的车厢。如初期火灾扑救失败，应及时关闭车厢门，防止火势蔓延，赢得逃生时间。工作人员一旦接到火灾报警，要立即展开应急措施，开启应急照明设备和排烟设备，迅速排出地下室内烟雾，以降低火场温度和提高火场能见度。

再次，逃生时，应采取低姿势前进（但不可匍匐前进，以免贻误逃生时机），不要深呼吸，在可能的情况下用湿衣服或毛巾捂住口和鼻子，防止烟雾进入呼吸道。人员可采取自救或互救手段疏散到地面、避难间、防烟室及其他安全地区。

最后，特别应该强调的是，在逃生过程中要坚决听从地铁工作人员的指挥和引导疏散，决不能盲目乱窜，已逃离地下建筑的人员不得再返回地下，万一疏散通道被大火阻断，应尽量想办法延长生存时间，等待消防队前来救援。

火源下游人员向上游疏散时会经过着火车厢，若车厢玻璃破裂则会造成较大危害，因此建议车厢玻璃采用防火性能较强的防火玻璃，此外建议联络通道设置加压送风装置，使其具有防烟功能。

根据模拟结果，列车停靠在联络通道间、联络通道附近或是紧急出口时，人员疏散至火源上游或楼梯间的行走时间较长，人员面临较大的危险。因此，隧道

列车的停靠位置对人员疏散具有较大的影响，当列车发生火灾后，应尽量遵循以下原则。

①与车站出现大客流时，采取限流措施，尽量避免超员载客。

②列车车厢内部着火时，首先利用车厢内的灭火器就地实施灭火。

③列车车厢内部火势无法控制或车厢顶部着火时，如列车未失去动力，行驶到前方车站/疏散救援定点实施疏散和救援。

④列车着火失去控制并被迫在区间内停靠时，应快速组织人员疏散，然后通过外部救援力量实施灭火救援；外部救援力量通过紧急出入口、救援列车或轨道专用消防救援车顺风流方向从相邻区间隧道接近着火列车，对着火列车实施灭火救援。

⑤列车火灾为极低概率事件，应以降低人员伤亡为第一目标。

2. 列车停靠在不同区间位置的人员疏散方案

对于隧道列车火灾，可以采用联络通道、疏散平台、紧急救援定点等疏散方式疏散。

1）列车停靠在两联络通道之间。

当列车停靠在两联络通道之间时，其停靠位置如图 8-1 所示。

定员工况：列车中部火灾，火源下游最后一节车厢的人员向下游联络通道疏散，其他车厢的人员向上游联络通道疏散；列车头部火灾，人员向上游疏散。

超员工况：列车中部火灾，火源下游最后两节车厢的人员向下游联络通道疏散，其他车厢的人员向上游联络通道疏散；列车头部火灾，人员向上游疏散。

2）列车停靠在某一联络通道附近。

当列车停靠在某一联络通道附近时，其停靠位置如图 8-2 所示。

列车停靠某一联络通道附近，当联络通道未被火灾封堵时，人员可以选择向上游疏散或向停靠处联络通道疏散。

3）列车停靠在紧急出口附近。

当列车停靠在紧急出口附近时，其停靠位置如图 8-3 所示。

当列车停靠此处时，人员可以向紧急出口楼梯前室疏散，也可以向上游或对侧隧道疏散。

4）列车停靠在疏散救援定点附近。

当列车停靠在疏散救援定点附近时，其停靠位置如图 8-4 所示。

当列车停靠此处时，人员可以向疏散救援定点的临时避难区疏散，也可以向对侧隧道疏散。

9.4　应急预案

9.4.1　应急预案总则

1.适用范围

本预案规定了城市轨道交通隧道发生火灾时人员疏散和应急救援组织体系及职责、应急响应一般过程、人员疏散和应急救援程序、信息报告程序、应急物资与装备保障以及应急预案的管理。

本预案适用于城市轨道交通隧道火灾的人员疏散和应急救援专项应急行动。

2.编制依据

《中华人民共和国安全生产法》中华人民共和国主席令第 13 号(2014)。

《中华人民共和国突发事件应对法》中华人民共和国主席令第 69 号(2007)。

《生产安全事故应急条例》国务院令第 708 号(2019)。

《国家安全生产事故灾难应急预案》(2006)。

《国家突发公共事件总体应急预案》(2006)。

《国务院有关部门和单位制定和修订突发公共事件应急预案框架指南》国办函〔2004〕33 号。

《省(区、市)人民政府突发公共事件总体应急预案框架指南》国办函〔2004〕39 号。

《国家城市轨道交通运营突发事件应急预案》国办函〔2015〕32 号。

《生产安全事故报告和调查处理例》(2007)。

3.术语和定义

(1)火灾事故等级

按照火灾事故严重性和受影响程度,城市隧道火灾事故分为特别重大、重大、较大和一般四级。隧道火灾事故分级标准依据《国家城市轨道交通运营突发事件应急预案》国办函〔2015〕32 号。

(2)火灾人员疏散和应急救援处置负责人

若直接影响到行车组织、客运服务及线路施工:发生在区间,涉及到列车的由司机担任;发生在车站,由值班站长担任;发生在车辆段,由运用调度担任。职务高的层级到达现场后担任事件城市轨道交通隧道火灾人员疏散和应急救援处置负责人。

若未直接影响到行车组织、客运服务及线路施工的:由设备设施管辖责任部门当班的班组长或现场作业负责人担任城市轨道交通隧道火灾人员疏散和应急救援处置负责人。

（3）火灾人员疏散自动扶梯

满足疏散条件的自动扶梯为用不燃或难燃的材料制作，且设置自动喷水灭火系统保护。在发生火灾时，其供电必须由原来的二级负荷提升到一级负荷供电，同时自动扶梯的下行功能改为上行功能；在自动扶梯出入口处设置风幕，能够在发生火灾时，起到一定的阻挡烟气，防止其进入自动扶梯的作用，且其电源要严格按照消防电源考虑；自动扶梯的周围通道要通畅，且宽度要符合要求，工作人员要经常清除障碍物。

9.4.2 应急响应一般处置程序

1. 应急响应原则

城市轨道交通隧道火灾人员疏散和应急救援工作遵循"先救人，后救物"的一般应急原则。

2. 响应分级

（1）Ⅳ级响应

Ⅳ级城市轨道交通隧道火灾事故发生后，由城市轨道交通运营启动Ⅳ级应急响应，立即开展先期处置工作，并向市指挥部办公室和市应急办（市应急指挥中心）报告。

各有关单位应急救援人员应立即赶赴现场，开展交通管制、现场警戒、人员疏散、现场监控、医疗救护、抢险救助等工作。

（2）Ⅲ级响应

Ⅲ级城市轨道交通隧道火灾事故发生后，由市指挥部启动Ⅲ级应急响应。

①成立现场指挥部，相关领导赶赴现场进行指挥，协调主管部门实施应急预案。

②向上一级应急工作机构报告。

③组织专家咨询，确定事故救援方案。

④通知各有关部门和单位，调动有关装备、物资，支援现场救援。

⑤维护现场秩序和证据收集工作，严格保护事件现场。

⑥及时向公众和媒体发布事件信息。

（3）Ⅱ级和Ⅰ级响应

Ⅱ级和Ⅰ级城市轨道交通隧道火灾事故，由政府应急管理部门直接组织和指挥应急处置工作。政府应急指挥部及时启动应急预案，开展先期处置。

2. 应急响应程序

抢险工作应坚持"先救人，后救物"的原则，优先组织人员疏散、伤员抢救。通过采取各种施救措施，建立健全应对突发事件的有效机制，最大限度减少因火灾事故造成的人员伤亡及财产损失。协调指挥工作组和现场处置工作组为抢险工作的响应对象。

（1）协调指挥工作组

图 9-1 展示了协调指挥工作组火灾响应程序。

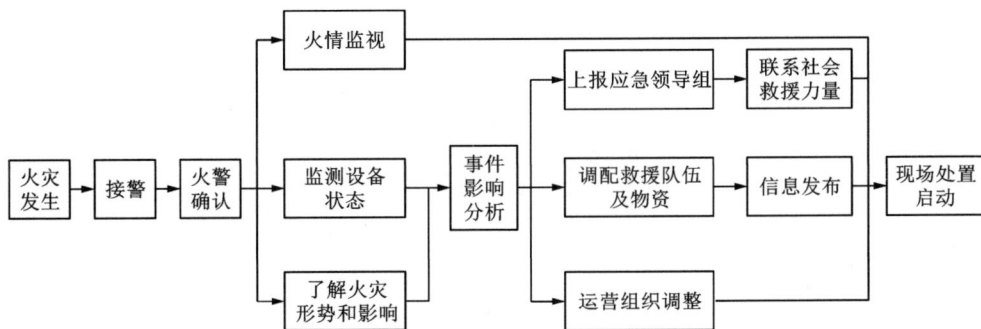

图 9-1　协调指挥工作组火灾响应程序

（2）现场处置工作组

图 9-2 展示了现场处置工作组火灾响应程序。

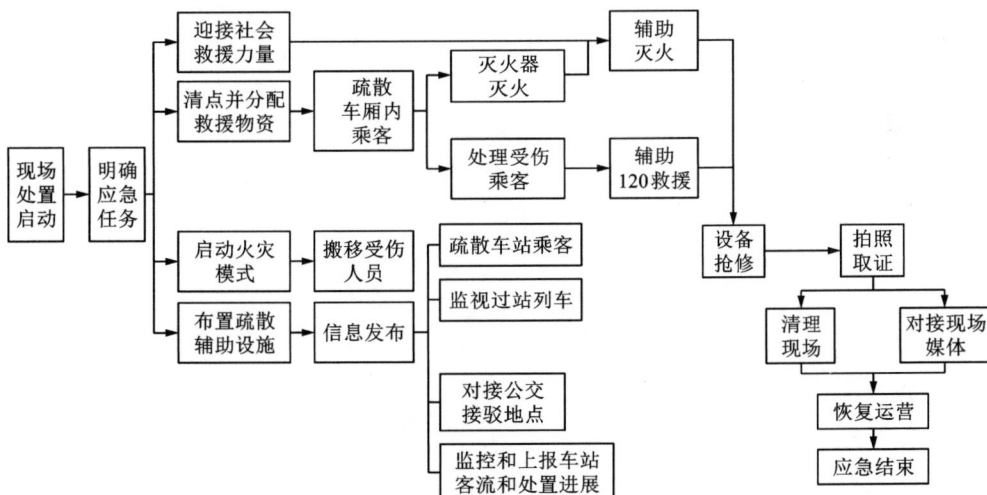

图 9-2　现场处置工作组火灾响应程序

9.4.3　应急救援处理程序

1. 区间列车火灾紧急停车

列车在隧道区间内发生火灾后，司机应通过监控系统立刻确定火灾位置，并立即向车控室汇报，车控室立即向值班领导和应急总指挥汇报，总指挥决定启动隧道火灾人员疏散和应急救援预案。对于长大区间列车火灾，停车位置优先横通道、疏散平台、紧急救援定点附近。

1）列车司机的应急处置。

列车司机应急处置程序如图9-3所示。

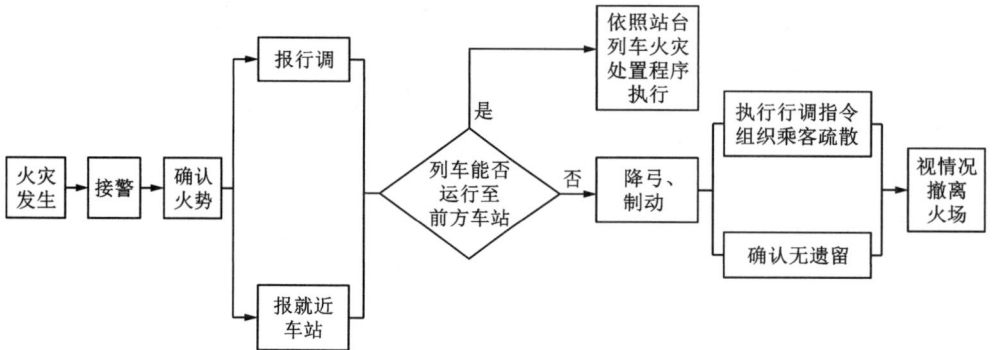

图9-3 列车司机应急处置程序

列车司机应确认起火位置、火势，并迅速向行调或就近车站报告。

如车辆在区间隧道不能运行，列车司机应立即降弓，施加停放制动，按照行调的相关命令组织乘客疏散。若列车中部发生火灾，列车司机应按照行调命令，与两端车站工作人员一起组织向两端疏散乘客。

2）车站的应急处置。

值班站长应急处置程序如图9-4所示。

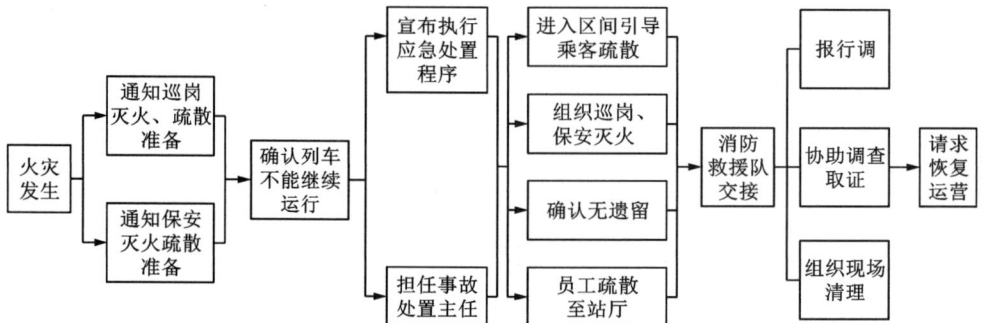

图9-4 值班站长应急处置程序

①行车值班员接到列车司机或行调的报警通知，了解火情后，立即报告值班站长，通知相关岗位人员，并广播引导乘客紧急疏散。行车值班员应急处置程序如图 9-5 所示。

图 9-5　行车值班员应急处置程序

②客运值班员接到通知后，立即到车控室协助行车值班员的工作，中央级控制不能实现时，按控制中心指令操作环境与设备监控系统 BAS(building automatic system) 及相关环控设备。客运值班员应急处置程序如图 9-6 所示。

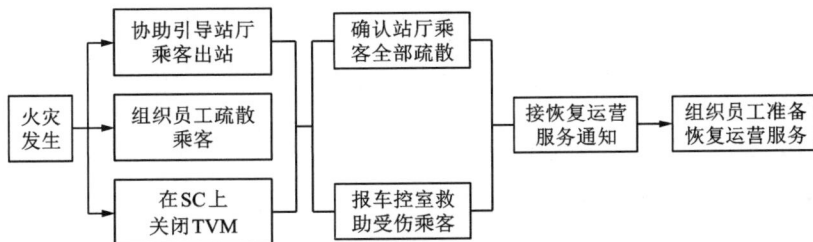

图 9-6　客运值班员应急处置程序

③厅巡员、售票员负责站厅乘客疏散，拦截乘客进站，引导消防队进站。厅巡员应急处置程序如图 9-7 所示。

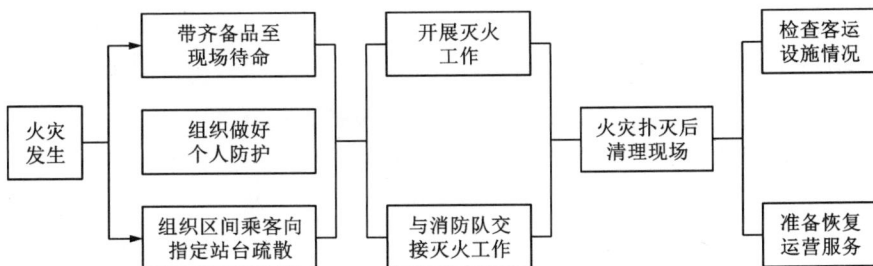

图 9-7　厅巡员应急处置程序

④站台岗组织列车、站台或与值班站长一起进入区间协助疏散乘客，并协助灭火救援工作。

⑤列车在区间疏散乘客时，站台屏蔽门保持关闭，车站站台岗打开端门疏散乘客。站台岗应急处置程序如图9-8所示。

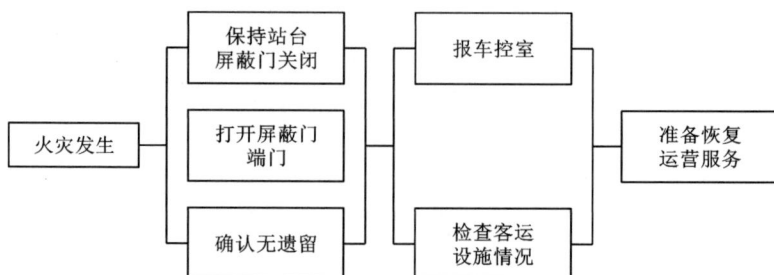

图9-8　站台岗应急处置程序

⑥列车在区间疏散乘客时，车站值班站长带领车站站务人员或救援人员做好防护进入事故地点协助列车司机疏散乘客并确认人员疏散完毕；需要时车站应派人把守救援通道，防止乘客误入非疏散区间。值班站长保持与相关各方的联系，并按相关指示执行。

2.区间隧道设施、设备火灾

1)运营期间区间隧道火灾。

①行车值班员接到区间隧道火灾报警后，了解火情，立即报告行调，并通知值班站长及相关岗位人员，广播引导乘客紧急疏散，事故区间的后端站立刻进行扣车处理。

②客运值班员接到通知后，立即到车控室协助行车值班员的工作，中央级控制不能实现时，按控制中心指令操作环境与设备监控系统BAS及相关环控设备。

③厅巡员、票亭员负责在站厅引导乘客疏散；站台岗负责引导站台乘客疏散。

④值班站长带领厅巡员、保洁员与站台保安员助疏散、救助乘客。

⑤站台屏蔽门应保持关闭，站长保持与相关各方的联系。

列车处在火灾区间隧道两端车站的应急处置：

①行车值班员接到列车司机或行调的报警通知后，报告值班站长及通知相关岗位人员，并广播引导乘客紧急疏散。

②客运值班员接到通知后，立即到车控室协助行车值班员的工作，中央级控制不能实现时，按控制中心指令操作环境与设备监控系统BAS及相关环控设备。

③厅巡员、票亭员负责在站厅引导乘客疏散；站台岗负责引导站台乘客疏散。

④如列车停在区间隧道疏散乘客，站台屏蔽门应保持关闭；站台岗打开端墙门疏散乘客。

⑤值班站长组织车站人员进行疏散和救援工作，保持与相关各方的联系。

列车处在火灾区间隧道列车司机的应急处置：

①确认起火位置、火势，并迅速向行调或就近车站报告。

②控制列车在到达着火区前停车，报告行调根据现场情况将列车退回出发车站；不能及时停车时，应保持列车运行至前方车站。

③列车在到达着火区域前（或已过着火区域）在区间隧道不能运行时，则应打开列车疏散门、梯，引导乘客往未着火区间隧道一侧车站方向疏散。

④列车在着火区域不能动车时，执行列车在区间隧道火灾的处理程序。

⑤列车到站后开启车门、屏蔽门，引导、疏散乘客，听从行调指挥。

2）运营结束后区间隧道火灾。

夜间列车停运后区间内发生火灾的应急处理：发现人员为现场第一责任人，在火灾发生初期（10 min 之内），利用就近灭火器材进行扑救初期火灾，同时利用站间电话或其他通信工具报告相邻车站和区域控制中心 OCC（operating control center），车站接报后进行以下处置：

①行车值班员接到区间隧道火灾报警后，了解火情，立即报告行调，并通知值班站长及相关岗位人员，做好灭火准备。

②值班站长带领车站员工，按照行调的要求，做好相应灭火、救助工作。

9.4.4　应急救援信息报告

1. 报告原则
事件发生后的请示报告工作，应遵循迅速、准确、逐级上报的原则和公司内部、上级领导及协作部门并举的原则。

2. 报告程序
区间（车站）发生火灾后，发现人第一时间将火警信息报告车站车控室或 OCC，车控室获得火警信息后，立即报告 OCC，OCC 第一时间将情况通知运营分公司分管安全副经理及各应急小组组长。地铁隧道火灾响应的信息报告程序如图 9-9 所示。

3. 报告内容
①火灾事故发生时间、地点（线路、上下行线、里程标等）、列车车次。

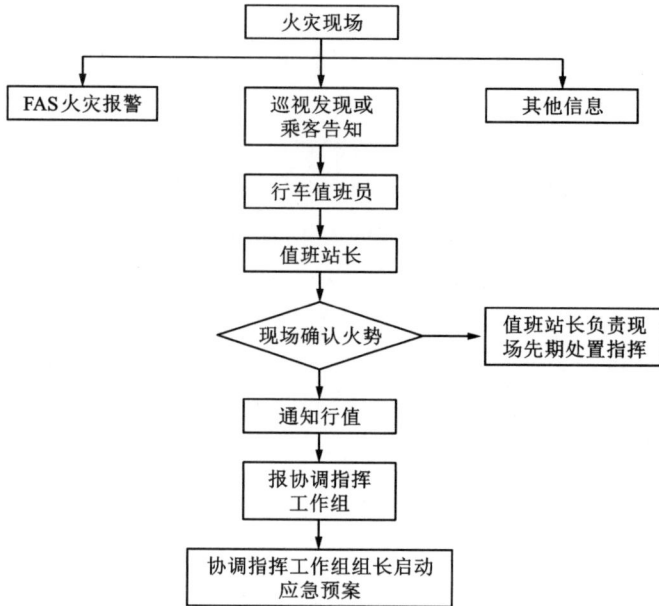

图 9-9 地铁隧道火灾响应的信息报告程序

②概况：车辆损坏情况；是否影响正线上下行运行；人员伤亡情况；道岔、线路、信号机及附属设备损坏情况等。

③呈报人的姓名、职位及联络电话号码。

④火灾事故的可能起因。

⑤现场情况，已采取的行动和请求支援事项。

9.4.5 应急救援保障措施

1. 通信与信息保障

运营应急指挥部及应急工作组成员应确保 24 小时通信畅通；因突发事件造成现场通信设备故障的，设备维修部门应立即赶赴现场进行通信恢复，现场人员也应灵活应变，采取各种有效方式保证信息的快速传递；抢险救援所涉及人员通信方式发生变更的，应及时与运营安全监察部备案。

2. 应急救援与装备保障

（1）应救援队伍保障

运营应急办公室应全面负责落实应急救援的人力保障，进行应急人员数量摸底检查，并定期组织公司人员进行应急状态模拟演练，确保事故发生后已经配备足够的人员预防和处理事故。

隧道火灾事故不可控制时，应请求应急救援专业队伍、消防灭火专业队伍等外部救援力量协助。

（2）救援设备保障

运营应急指挥部应指导各部门建立完善应急救援设备的维护管理制度，根据制度对设备安排周检、月检、季度检、半年检、年检并做好台账记录，建立应急救援设备管理档案，从设备的全生命周期进行检查数据的整理归档，确保消防设备运行管理工作要符合现代化管理的需求。地铁运营需要定期对救援设备进行年检，并需要第三方和甲方的签字认可，消除故障隐患。

（3）资金保障

抢险过程中，应急救援资金由事件单位承担，事件单位暂时无力承担或紧急情况下，由运营财务部予以垫付，事后在合同款中扣除，以保证应急救援的需要。

3. 医疗卫生保障

运营配备常用的应急救援药品及救援器材。地铁隧道火灾事故发生时，报请已与集团公司签订医疗救护协议的医疗卫生单位救助，迅速组织医疗救治药物、技术、设备和人员，提高应对安全生产事件的医疗救治能力。

4. 其他

应急救援线路、车站应急疏散和公交接驳指定出入口结合实际情况定期发布。

9.5 本章小结

1）城市轨道交通长大区间疏散救援设计原则：

①规范适用原则。

②长大区间隧道内只考虑发生一处火灾。

③优先采用车站/疏散救援定点救援。

④保障大多数乘客处于起火车厢上游，且就近疏散乘客。

⑤系统联动原则。

2）列车车厢内部着火，首先利用车厢内的灭火器就地实施灭火。列车车厢内部火势无法控制或车厢顶部着火时，如列车未失去动力，行驶到在前方车站/疏散救援定点实施疏散和救援。列车着火失去控制并被迫在区间内停靠时，人员应向上游或最近的出口疏散，然后通过外部救援力量实施灭火救援。

3)定员工况，发生火灾时列车停靠在区间不同位置的风机理论开启时间如图 9-10 所示。

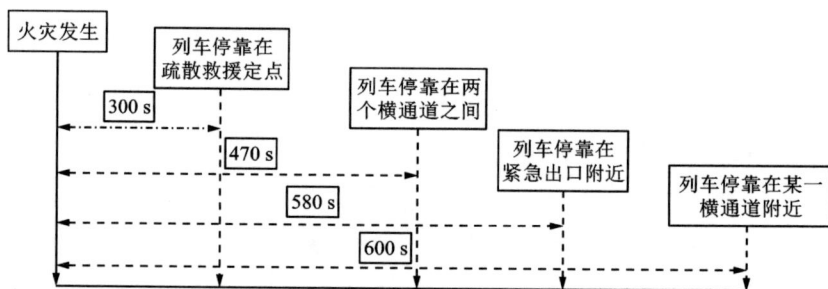

注：此风机启动时间由理论分析得到，实际开启风机时间应根据现场情况决定。

图 9-10　定员工况：风机理论开启时间

超员工况，发生火灾时列车停靠在区间不同位置的风机理论开启时间如图 9-11 所示。

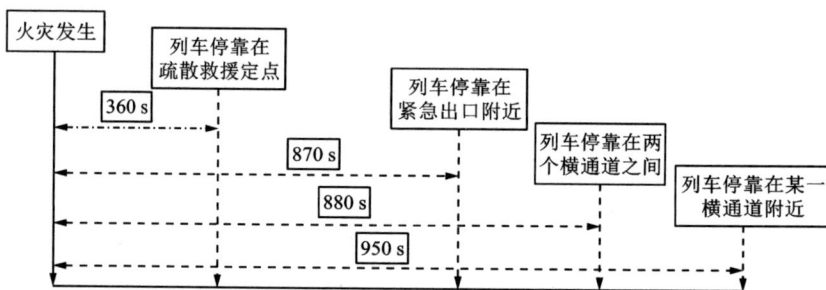

注：此风机启动时间由理论分析得到，实际开启风机时间应根据现场情况决定。

图 9-11　超员工况：风机理论开启时间

4)城市轨道交通长大区间应急预案：

组织体系如图 9-12 所示。

火灾信息报告程序如图 9-9 所示。

现场响应程序如图 9-2 所示。

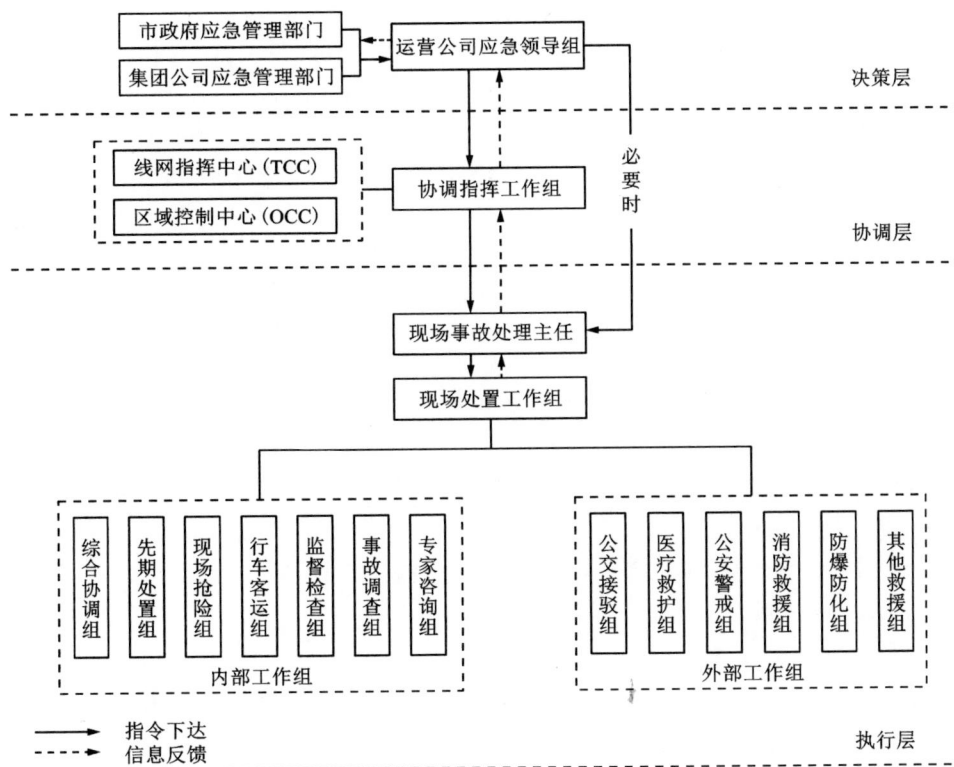

图 9-12　组织体系

参考文献

[1] 中华人民共和国国家质量监督检验检疫总局. 地铁安全疏散规范(GB/T 33668—2017) [S]. 北京: 中国标准出版社, 2017.

[2] 中华人民共和国住房和城乡建设部. 地铁设计规范(GB 50157—2013)[S]. 北京: 中国建筑工业出版社, 2013.

[3] 中华人民共和国住房和城乡建设部. 地铁防火设计标准(GB 51298—2018)[S]. 北京: 中国计划出版社, 2018.

[4] 国家铁路局. 城际铁路设计规范(TB 10623—2014)[S]. 北京: 中国铁道出版社, 2014.

[5] 国家铁路局. 铁路隧道防灾疏散救援工程设计规范(TB 10020—2017)[S]. 北京: 中国铁道出版社, 2017.

[6] 国家铁路局. 铁路工程防火设计规范(TB10063—2016)[S]. 北京: 中国铁道出版社, 2016.

[7] 中华人民共和国住房和城乡建设部. 建筑设计防火规范(GB 50016—2014)[S]. 北京: 中国计划出版社, 2014.

[8] 中华人民共和国住房和城乡建设部. 建筑防火通用规范(GB 55037—2022)[S]. 北京: 中国计划出版社, 2022.

[9] 中华人民共和国住房和城乡建设部. 消防设施通用规范(GB 50036—2022)[S]. 北京: 中国计划出版社, 2022.

[10] 中华人民共和国国家质量监督检验检疫总局. 城市轨道照明(GB 16275—2008)[S]. 北京: 中国标准出版社, 2008.

[11] 中华人民共和国住房和城乡建设部. 消防给水及消火栓系统技术规范(GB 50974—2014)[S]. 北京: 中国计划出版社, 2014.

[12] 中华人民共和国住房和城乡建设部. 建筑防烟排烟系统技术标准(GB 51251—2017) [S]. 北京: 中国计划出版社, 2017.

[13] 中华人民共和国住房和城乡建设部. 建筑内部装修设计防火规范(GB 50222—2016) [S]. 北京: 中国计划出版社, 2016.

[14]中华人民共和国住房和城乡建设部.自动喷水灭火系统设计规范(GB 50084—2017)
　　[S].北京:中国计划出版社,2017.

[15]中华人民共和国住房和城乡建设部.火灾自动报警系统设计规范(GB 50116—2013)
　　[S].北京:中国计划出版社,2013.

[16]中华人民共和国住房和城乡建设部.供配电系统设计规范(GB 50052—2009)[S].北京:
　　中国计划出版社,2009.

[17]中华人民共和国国家质量监督检验检疫总局.消防安全标志规范(GB 13495—2015)
　　[S].北京:中国标准出版社,2015.

[18]中华人民共和国住房和城乡建设部.交通建筑电气设计规范(JGJ 243—2011)[S].北京:
　　中国建筑工业出版社,2012.

[19]中华人民共和国中央人民政府.中华人民共和国突发事件应对法(主席令第六十九号)
　　[EB/OL].(2007-08-30)[2020-11-09].https://www.gov.cn/flfg/2007-08/30/content_
　　732593.htm.

[20]全国人民代表大会常务委员会.中华人民共和国安全生产法[EB/OL].(2021-09-01)
　　[2021-10-25].https://flk.npc.gov.cn/detail2.html? ZmY4MDgxODE3YTY2YjgxNjAx
　　N2E3OTU2YjdkYjBhZDQ.

[21]中华人民共和国中央人民政府.生产安全事故应急条例[EB/OL].(2019-02-17)[2021-
　　10-25].https://www.gov.cn/gongbao/content/2019/content_5374087.htm.

[22]中华人民共和国中央人民政府.国家安全生产事故灾难应急预案[EB/OL].(2016-01-
　　23)[2021-10-25].
https://www.gov.cn/zhuanti/2006-01/23/content_2615965.htm.

[23]国务院办公厅.国务院有关部门和单位制定和修订突发公共事件应急预案框架指南[EB/
　　OL].(2008-03-28)[2021-10-25].https://www.gov.cn/zhengce/content/2008-03/
　　28/content_1216.htm.

[24]国务院办公厅.省(区、市)人民政府突发公共事件总体应急预案框架指南[EB/OL].
　　(2004-05-22)[2021-10-25].https://www.gov.cn/gongbao/content/2004/content_
　　62821.htm.

[25]国务院办公厅.国家城市轨道交通运营突发事件应急预案[EB/OL].(2015-04-30)
　　[2021-10-25].https://www.gov.cn/gongbao/content/2015/content_2868845.htm.

[26]住房和城乡建设部标准定额研究所.市域快速轨道交通规划与设计导则(RISN-TG032—
　　2018)[S].北京:中国建筑工业出版社,2018.

[27]中华人民共和国国家发展和改革委员会.国家发展改革委关于培育发展现代化都市圈的指
　　导意见[EB/OL].(2019-02-21)[2022-7-15].https://www.ndrc.gov.cn/xxgk/zcfb/tz/
　　201902/t20190221_962397.htm.

[28]中华人民共和国国家发展和改革委员会.关于推动都市圈市域(郊)铁路加快发展意见的通知[EB/OL].(2020-12-17)[2022-7-15]. http：//www. gov. cn/zhengce/content/2020-12/17/content_5570364. htm.

[29]中华人民共和国住房和城乡建设部.市域快速轨道交通设计规范(T/CCES 2—2017)[S].北京：中国建筑出版传媒有限公司,2017.

[30]中华人民共和国住房和城乡建设部.市域快速轨道交通设计标准(CJJ/T 314—2022)[S].北京：中国建筑工业出版社,2022.

[31]中国城市轨道交通协会.城市轨道交通2020年度统计和分析报告[EB/OL].(2021-04-10)[2022-7-15]. https：//www. camet. org. cn/tjxx/7647.

[32]中国城市轨道交通协会.城市轨道交通2021年度统计和分析报告[EB/OL].(2022-04-22)[2022-7-15]. https：//www. camet. org. cn/tjxx/994.

[33]其它适用于本书的有关国家规范和国家标准

[34]国内外相关文献资料